明治維新はなかった!?

渋沢栄一の従兄弟たちの彰義隊

上野戦争と明治の偉業

目次

はじめに

明治維新という言葉は、いつから誰が言い始めたのか、知っている人は少ないだろう。そもそも戊辰戦争を戦った薩長土肥などの当事者たちが、明治維新という言葉を使っていないのである。

不思議だが、いま多くの本に明治維新という言葉が出てくる。二〇一八年に明治新政府が始まって一五〇年だったということで、明治維新一五〇年記念式典も行なわれたが、それで、一気に明治維新への関心が高まったからなのか、詳細は分からない。だが、さまざまな明治維新論が展開されたのは事実である。

昭和初期、昭和維新が叫ばれた。

軍国主義化、ファシズム化の進むなかで、青年将校や右翼がその推進者であった。

彼らは、維新の原理を絶対化された天皇の中に見て、君臣の本義を明らかにするところに、明治維新の本質があるとした。だが、日本の敗戦によって、昭和維新論が徒花であったことを思い知らされたのである。

では、現在は明治維新をどう見るのか、私たち自身に問いかけてみようと思う。

この本では、明治維新という言葉は使わない。

彰義隊。この名を知っている人は、どの位いるだろうか。江戸で薩摩・長州・土佐・肥前などの新政府軍と戦ったのが彰義隊である。

勝海舟（安房守）と西郷隆盛の会談により、江戸を戦場にすることなく、江戸城の無血開城がなされたと歴史の教科書や多くの歴史家に書かれてきた。だが、一八六八年（慶応四）五月十五日（現在の暦で七月四日、この年は複雑で、閏四月が二度あった）、江戸で戦争が行なわれたのである。

戦場となったのは、上野寛永寺周辺で、「上野戦争」と呼ばれた。東叡山寛永寺は天海僧正によって、江戸城の鬼門鎮めとして創建された。はじめ将軍家の祈祷寺であったが、四代将軍家綱の霊廟がつくられたのを機に、五代綱吉の頃から将軍家の菩提寺となった。
寺領は一万七九〇石、大名並みの石高である。その寺領は、現在の日暮里から赤羽に至る。当時の七カ村にも及んだ。

上野寛永寺は三十六万坪もの広大な敷地があり、各塔頭に約三千人の彰義隊が分かれ、八つの門を守った。しかし、戦闘は寺周辺にまで拡大し、谷中・根津・千駄木に至る今の台東区・

文京区の一帯まで戦場となった。

梅雨の季節、雨の中で展開された戦闘は呆気なく僅か一日で終わりを告げ、彰義隊の敗残兵たちは散りじりとなり、関東や東北各地と北海道箱館で戦いを続けた。

新政府軍にいとも簡単に惨敗を喫した彰義隊だが、意外にも、江戸っ子には人気があったのである。

慶応四年に発行された内外新報に、慶応三年九月の江戸の人口調査が載っている。その江戸市中の人口戸籍調帳の写しによると、町人四十五万七六一六人。寺社門前町人八万一三九七人合わせて五十三万八四六三人。これに武家の家来たちを加えると約百万人の人口がいたと推測される。

当時江戸は世界一といわれた百万都市だったのである。八百八町の治安を守っていたのが、南町と北町奉行所で、与力が双方に25人ずつ。その下に同心が一三〇人ずつ勤めていた。目明し、岡っ引き、下っ端の小人は同心の使用人たちで役人ではなかった。

与力は二百石、同心は三十俵2人扶持で身分は低かったが、権力は絶大で、わずかこれだけの人数で江戸の治安は二六〇年余りにわたって保たれていたのである。

幕末の頃には、与力は八、九寸（約二十七センチ）の十手を常用し、羽織姿で出役したが、

定廻りといって市中を巡回する時には白衣といって着流しの事もあった。

この姿が粋といわれ、「相撲取り、火消し」と並んで与力は江戸三大男の代名詞であった。

江戸っ子たちが長い間平和を謳歌してきた江戸の治安が乱れたのは、元治（一八六四〜）年間の頃からである。

三田の薩摩藩邸を根城に、浪士たちが徒党を組んで裕福な商人の店を打ち壊したり殺傷して金を強奪する事件が続発した。御用盗といわれた彼らの凶暴な犯行を防ぐために、幕府は藩邸近くに新徴組（清河八郎の進言で結成された庄内藩お抱えの浪士隊）の屯所を置いたが、御用盗の撃退には至らず、幕府と新政府軍の全面戦争の導火線となったのである。

慶応三年、十五代将軍慶喜が大政奉還すると、政情は一変した。将軍の辞表提出・王政復古の大号令で倒幕の勢いは一気に増大。そして、新政府軍と幕府軍全面対決の口火を切ったのが、御用盗たちの江戸城放火で、二の丸が焼失したことは幕府に大きな衝撃を与えた。

怒りを爆発させた庄内藩を中心とした勢力は、三田の薩摩藩邸を焼き討ちしたが、幕府との全面戦争の切っ掛けをつかもうとしていた西郷隆盛の策略に、まんまと乗ってしまった暴挙といわれる。

慶応四年一月、鳥羽伏見の戦いから戊辰戦争が始まったが、早々に大坂から江戸へと船で逃

げ帰った慶喜に追討令が下り、江戸総攻撃の日も決まって、有栖川宮親征大総督を総大将とした新政府軍は江戸を目指した。

　しかし、江戸には旗本八万騎といわれた徳川幕府の直属の兵が存在し、町の防衛にあたるはずであったが、戦争に立ち向かう軍人には程遠く、我が身可愛さの保身に走って、オロオロとする役立たずの集団と化していた。頼りにならない旗本たちに代わって江戸の治安を守ったのが町火消たちであった。町人が自治的に設けた消防組織の町火消いろは四十七組（のちに四十八組）のうち、浅草の新門警備にあたったことから新門辰五郎と呼ばれた、町火消（浅草の十番組）の頭取を筆頭に、いなせな人足の鳶たちは江戸っ子の人気者となった。

　慶応四年四月、江戸城無血開城の同意を得て、新政府軍は江戸城に入城した。この時、兵士たちは争って戦利品を漁り、まず金蔵に押し入ったという。金が無いと分かると、次に大奥へと向かい、豪華な衣裳を奪い尽くした。兵士たちは細かく切った錦の布を肩口につけ、新政府軍の目印としたが、江戸っ子たちは「錦ぎれ」と呼び、毛嫌いした。

　以前、市中を荒らし回った薩摩藩を中心に、江戸っ子には馴染みのない薩摩弁、長州弁、土佐弁などを話して、威張り散らし、いいがかりをつけてよく町人を斬ったことや兵士たちは金が無く、金払いが悪かったので評判が悪かった。そして、新政府軍は、段袋（兵が用いたズボ

ン）に筒袖羽織の長いようなものを着て、薩摩兵は黒い毛の被り物、長州兵は白い毛の被り物、土佐兵は赤い毛の被り物をして、街中を隊列組んでいたが、江戸っ子には、あくまで余所者の存在であった。

新政府軍は江戸城に入場したものの江戸市中を制圧した訳ではなく、いたる所でこぜり合いが起こり、混乱に巻き込まれる江戸っ子たちも多かった。

慶喜は新政府側にひたすら恭順の意を示し、江戸城を出た後に、上野寛永寺大慈院の四帖半に閉居した。この事態に、幕府の歩兵奉行だった大鳥圭介ら多数が脱走。慶喜は謹慎のためと称して実家のある水戸へ出発することを決意した。

幕府の中には、徳川将軍の「辞官納地」という新政府側の処置に義憤を覚え、幕府勢力を回復しようと抗戦派の結集を図ろうとする人たちがいた。

徳川慶喜の一橋家の家臣だった渋沢成一郎（渋沢栄一の親戚）や天野八郎（群馬県出身）らが「尊王恭順有志会」と名付け、呼びかけたものの、賛同者は当初十数人しか集まらなかった。しかし、次第に町人や農民などさまざまな階層の者が加わって最盛期には三千人を数えるまでになった。こうして彰義隊は誕生したのである。

慶喜に従う恭順派の勝安房守は陸軍総裁となり、幕府の会計総裁だった大久保忠寛と共に、

彰義隊に江戸表取り締まりを命じた。

市中の巡廻を行なった彰義隊は、裾の方のつぼんだ義経袴に水色がかったぶっちゃぎの羽織を着て、朱鞘を差している者が多く、足駄（雨の時に履く二枚歯の高下駄）を履き、昼夜を問わず隊列を組んで提灯には丸の中に「彰」または「義」という文字を書いて、抜き身の槍を響かせて歩いた。

治安維持と徳川家の名誉回復のために働く彰義隊には、上野の寺々から潤沢な資金が贈られ、隊員たちはそれを吉原などで湯水の如く使った。

戦になれば命は無いものと覚悟していた者が多く、夜毎吉原に通うので、「情夫に持つなら彰義隊」と廓内ではいわれたそうである。

だが、慶喜が江戸から去ると、新政府軍は勝安房守に彰義隊の排除を命じた。勝は山岡鉄舟を上野の彰義隊に行かせ、直ちに隊を解散するよう説得にあたらせたが、「将軍家をしてかくまでに悲しみに落し参らせたのは誰のせいだ」と逆に山岡はやりこまれる始末だった。しかも山岡に向かって「獅子身中の虫とは貴殿の事だ」と彰義隊一同が罵った為、剣豪で知られる山岡も黙って上野の山を下りるほかなかったという。

慶応四年四月、討幕軍の東征大総督（東海、東山、北陸三道の軍を指揮）有栖川宮熾仁親王

が江戸城に入城すると、上野を占拠している彰義隊攻撃に着手した。

五月十四日、「上野山内に屯集する心得違いの者」を誅伐する旨が通達され、宣戦布告となったのである。

翌十五日（四月は閏月が二つ重なったので、今の暦にすると七月上旬にあたる）明け六つ時（午前六時）戦争が始まった。

二十一藩連合軍の一万二千の軍勢のうち、正門の黒門口を攻めたのは薩摩藩兵であった。兵力三千人の彰義隊は少ない鉄砲で懸命に守ったが、梅雨空続きで町中が水びたしという状態のなか、一進一退の戦況を打ち破ったのは長州の大村益次郎の戦術で、肥前佐賀藩の二門あった強力なアームストロング砲を撃って彰義隊を壊滅させた。

上野の戦争はわずか十時間で新政府軍の勝利に終わったのである。開戦前三千人いた彰義隊士は次々と逃亡し、実質千人ほどで戦ったといわれる。

新政府軍の戦死者百名に対し、彰義隊は二六六名（彰義隊戦史では二〇五名）の戦死者を出し、遺体は放置されたままであった。

戦闘が終わると、新政府軍は「脱走兵は斬り捨て御免」「脱走兵を捕らえた者には一両の懸賞金を出す」というお触れを出し、残党狩りに全力をあげた。その一方で、江戸の遊び人や町

民を拘束して新政府軍の戦死者の遺体を運ばせた。彼らは逃げ出さないように、2人ずつ腰縄で括られ、囚人のように働かされた者も多かったという。

このような仕打ちをする新政府軍に、江戸っ子たちの多くは反感を抱いたが、旧幕府軍や彰義隊などの残党との戦いは北関東から東北・北海道へと移っていき、明治二年（一八六九）五月、箱館五稜郭の榎本武揚らが降伏し、二年にわたった戊辰戦争は幕を閉じた。

新政府は明治と改元し、江戸を東京と改称。江戸城を皇居と定めるなど次々と新しい体制を固めていったが、明治初頭、彰義隊士を葬ったり法会を行なうのは憚《はば》かられたばかりか、上野戦争について語るのは自由ではなかった。

明治七年（一八七四）新政府軍と戦って死んだ人々の祭祀が、やっと許されるようになった。これを契機に、彰義隊は盛んに絵草子や浮世絵の題材に取り上げられたが、その多くは上野戦争の戦闘場面を描き出したものだった。

上野の彰義隊の戦争を扱った最初の歌舞伎は河竹黙阿弥作の『明治年間東《あずま》日記』で散切物（明治初期、散切り頭の時代の風俗を題材にした狂言）といわれた世話狂言であった。

明治二十三年（一八九〇）上野公園で開催された第三回内国勧業博覧会にあやかって、当時日本一の劇場の新富座で上演された歌舞伎が、上州出身の天野八郎を主人公にした芝居で、竹

柴其水作の『皐月晴上野朝風』という演目だった。

天野は彰義隊の副頭取ながら実権を握っていた男で、扮した役者の尾上菊五郎は凝り性で写実主義者として人気を誇り、戦争の鉄砲や大砲の音を本物のネズミ花火や南京花火で鳴らしたので、耳を押えて見物するのが話題となった。

あらすじは、中村福助扮する上野の宮様が、菊五郎演じる越前屋佐兵衛という湯屋の主人に背負われて、三河島へ落ち延びる。その跡を、慕ってきた菊五郎の二役で演じる天野八郎が宮様に別れを告げるところが泣かせる名場面であった。この芝居はその後も再演され、他の劇場でも上演された人気歌舞伎であった。

梅幸百種之内　天野　八郎
（台東区教育委員会所蔵）

江戸改め東京の庶民たちの人気を集めた彰義隊だが、明治新政府は賊軍であると斬り捨て、政府の御用新聞を使って徹底的に攻撃した。薩長出身者には、新しい国家を樹立したのは自分たちであるといった強烈な自負と誇りがあったのである。その熱い思いが、自分たちの功績を後世に伝えようとする動きとなって、明治二十年代ころから顕著になった。

明治二十一年（一八八八）宮内省から島津・毛利・山内・徳川の四家に対し、「ペリー来航

の嘉永六年（一八五三）から廃藩置県の明治四年（一八七一）までの国事に関する始末を調査」して、向こう三年後の間にまとめるようにとの沙汰が出た。

これに三条、岩倉家が加わって六家の委員十数人が集まり「歴史史談会」なる組織ができた。

この史談会が幕末以降の歴史書編纂に取組むとともに、靖国神社の祭神選びに深く関わったのである。

旧幕府側も明治二十年代に入り、幕府の側から時代の変化を描こうとする歴史書などを発刊し、薩長史観に囚われない立場を一貫して保った。

明治三十七年（一九〇四）山崎有信が『彰義隊戦史』を書いた。上野戦争の生存者からの聞き取りを多く取り入れ、関係資料を収集するという手法で構成し、彰義隊の存在が広く認知されるようになった。

この『彰義隊戦史』によって明らかになったのは、発起人が上州新田郡成塚村（現在の太田市）の須永於菟之輔（伝蔵）だったことである。須永の提唱に賛同したのが武州蕨宿の名主の息子だった伴門五郎と川越時代の松平大和守の家臣杉田弥十郎の長男だった小川椙太で、「尊王恭順有志会」の名称で結成の初会合に参加した17名のうちの2名であった。

二回目の会合から参加したのが彰義隊の副頭取ながら事実上の隊長という実力者に上り詰め

た天野八郎で、上州甘楽郡磐戸村（現在の南牧村）出身であった。

さらに須永は利根川沿いに広がる血洗村、手計村（現在の深谷市）の渋沢栄一（篤太夫）の従兄弟である渋沢成一郎、渋沢平九郎（栄一の養子）、尾高惇忠（新五郎）を彰義隊に勧誘した。中でも一番望んだ人物が渋沢成一郎で、一橋家の慶喜に重用され奥右筆を務めた切れ者の従兄を彰義隊の盟主にしようと説得。頭取に就任させて組織が発足したのである。彰義隊の多くは江戸町人や浪人の他、上州や武州の郷士や農民たちで、中山道の沿道、水上交通の要所であった利根川べりの農村地帯の若者たちであった。

彼らはなぜ彰義隊に集まり、新政府軍に立ち向かったのか、その背景を探っていく。

また、幕末の上州の大名、前橋藩の松平大和守は若くして幕府の重要な地位に昇進したが、慶喜に振り回され続けた。

館林藩の藩主秋元志朝は、実家が長州藩に関わりがあるとの理由で和平工作にあたらされたりした。

時代の激動の渦に巻き込まれていたのである。幕府と新政府との間に立って、どう苦闘したのか、慶喜の作り出した政局に、いかに対応したのかを検証していく。

世の中に余り知られていないが、彰義隊と小栗上野介との関わりや上州の大名や幕臣がいか

に大きな役割を果たしていたか事実を示していくのも重要である。

そして、戊辰戦争後、明治新政府のもとで、生き延びた彰義隊士は大きな仕事をし、さまざまな業績を残していたのである。

歴史に埋没した彰義隊士の明治以降の知られざる姿も明らかにしていく。

大政奉還の裏の裏

慶応三年（一八六七）十月十四日、十五代将軍の徳川慶喜は大政奉還の上表（目上の人に文書を奉ること）を朝廷に提出した。

大政（日本支配の権利）を奉還（天皇・朝廷に返す）することにより、幕府と慶喜は政治・行政の影響力を失ない、政治生命は終ったと思われた。

鎌倉幕府から六八〇年余り続いた武家政権の終焉《しゅうえん》である。

だが政権を朝廷に返上しても、すんなり政権移譲とはならなかった。一体なぜなのか。この謎から解き明かさねばならない。

歴史家や小説家は、徳川慶喜に政権を返上させる「大政奉還」を考え出したのは坂本龍馬であるとしてきた。

慶応三年（一八六七）六月、土佐藩船水蓮（夕顔）の船上で、家老の後藤象二郎と同乗していた龍馬が新しい国家の指針となる八箇条の政策を口頭で発表した。これを海援隊士（前身は亀山社中の長崎で創立した貿易商社）の長岡謙吉が書き留めたことから「船中八策」と呼ばれたとされる。しかし不思議なのは原本も写しも発見されていないことである。

その一方で、幕府の要人には龍馬より早く大政奉還を建言した人物がいた。元治元年（一八六四）勘定奉行勝手方（のちにさまざまな役職を歴任）だった大久保忠寛である。

その主張は、徳川家が政権を放棄し、一大名家になってこそ安泰が保てるというものであったが、幕府内に理解者はなかったといわれる。文久三年（一八六三）に龍馬は二度も大久保に会見しているが、（2人とも勝海舟とは師弟関係にあった）そこで大久保は持論を展開し、龍馬はよき理解者であったという。

船の中で作られたという基本綱領である「船中八策」とは

一　天下の政権を朝廷に奉還、政令は朝廷より出す事
二　上下議政局を設け、議員を置いて万機を参賛せしめ、万機よろしく公議に決すべき事
三　有材の公卿、諸侯及び天下の人材を顧問に備へ官爵を賜い、従来の有名無実の官を除くべき事
四　外国の交際広く公議を採り、新たに至当の規約を立つべき事
五　古来の律令を折衷し、新たに無窮《きゅう》の大典（憲法）を選定すべき事
六　海軍よろしく拡張すべき事
七　御親兵を置き、帝都を守衛せしむべき事

八　金銀物貨よろしく外国と平均の法を設くべき事

以上八策は天下の形勢を察し、これを万国に徴するに、これを捨て他に済時の急務あるなし。いやしくもこの数策を断行せば、皇運を挽回し、国勢を拡張し、万国と並行するもあえて難しとせず。

伏せて願くは公明正大の道理に基き、一大英断を以て天下と更始一新せん。

土佐藩の家老後藤象二郎は、薩摩藩と長州藩の武力倒幕にこれまで反対してきた前藩主の山内容堂が賛成できる内容に、「船中八策」を別の構想として改めた。

「武力で討幕するのを避け、徳川家が自発的に大政奉還し、譜代と外様（大名）の列藩会議の議長に旧将軍が就任し、徳川家の権威はそのままに、名目は朝廷が治める一元政治とする」妥協案である。

土佐藩の大政奉還論は

一、国政の最高決定機関は朝廷にある
そして京都に樹立される議事院で、法律などが制定されるべきである
二、議事院を建立するには、諸藩に費用を負担させる
三、議事院は上下を分ち、上公卿より下陪臣庶民に至るまで、優秀な人材を選抜する
尚かつ諸侯も自らその職掌によって、上院の任に充つ
四、将軍が天下の政治を司る道理はない
その職を辞して諸侯の列にまで下り、政権を朝廷に返すのは当然である

慶応三年六月二十二日、土佐藩と薩摩藩との間で、薩土盟約が結ばれたが、薩摩藩は西郷・大久保らの武力倒幕派が主流であった。それが大政奉還論を認めたのである。徳川慶喜が大政奉還を拒否すれば挙兵するという手段と二股主義を薩摩藩が選択したからである。

すでに慶応二年一月に、薩摩は武力倒幕の長州と薩長同盟を結んでいた。

京都の薩摩藩邸で約束された項目は六ヵ条からなる。

一　戦争となった時、薩摩藩兵二千人を早急に東上させ、大坂にも千人ほど置いて、京坂両所を固めること

一　戦いが長州藩の勝利になるときには、薩摩藩は朝廷へ申し上げて尽力すること

一　万一敗色であっても、すぐに潰滅することはないであろうから、その間に薩摩はいろいろ尽力すること

一　幕兵が東帰したときは、朝廷に申し上げ、すぐさま長州藩の冤罪がとけるよう尽力すること

一　兵力を上京させても、一橋、会津、桑名が周旋尽力の道をさえぎれば、決戦に及ぶ他はないこと

一　冤罪がとけたうえは、両藩が皇国のため誠心を尽くし、尽力すること

だが、実際に戦争になったらどう協力するか疑心暗鬼でお互い不信感があった為、土佐藩の大政奉還にも色目をつかったのである。

慶応三年十月三日、土佐藩は老中板倉勝静に対して大政奉還の建白書を提出したが、慶喜が

大政奉還を受諾する可能性は少なく、結論が出るまで時間がかかると想定していた。

この時点で、三つの混乱収拾策が表面化していた。

①幕府の権力強化
②武力によって討幕する動き
③幕府の大政奉還によって新しい政治体制をつくる

これらがからみ合ったり、妥協し合ったりしながら展開する複雑な様相を呈していたのである。

ところが、慶喜は大政奉還の建白書を受諾する旨を、大目付の永井尚志から後藤象二郎に伝えた。

土佐藩の建白書提出からわずか十日後の十月十二日である。

八方塞がりで、幕府政治の形態を変えなければ先がないと感じていた慶喜は土佐藩の大政奉還論に便乗するというより、利用して失地回復しようと考えたと思われる。

この決断は西郷ら武力による倒幕派にとって衝撃的な出来事となった。

薩摩藩と長州藩が武力をもって幕府を倒す目論見が脆くも崩れたからである。

討幕密勅と大政奉還が同時進行

薩長同盟が結ばれた後、慶応三年九月に武力討幕を決行するため藩兵を京都に集結させようという出兵盟約を結んだ。この時に大坂城攻略は京都占拠後に行なうことなどを決定したが、芸州藩（広島の浅野家）も加わった。

討幕決行を決意しても必要とされたのは、大義名分である。

天皇が幕府を討伐すべしという「勅命」をどうしても入手したかった。だが、慶喜を信頼する孝明天皇は勅命を下されそうにない…その勅命を討幕派は入手したのである。

世にいう「倒幕の密勅」の願書は、西郷隆盛・大久保利通・小松帯刀（家老）の連名で、前大納言（明治天皇の外祖父）と議奏（朝廷の職名）正親町《おおぎまち》三条実愛に提出された。

要約すると、「薩摩藩は武力をもって幕府を討ち、京都守護職、京都所司代を打ち払う。そして、王政復古を実現するために、相当の宣旨が降下するよう御尽力頂きたい」という内容である。

天皇の命令によって、自分たちが正義で、慶喜らは賊軍という構図を作り出せるよう要請したのであった。

ところが、事態は一変する。

攘夷主義者で幕府を支持し、公武合体推進派だった孝明天皇なら決して下されない勅命を倒

幕派が入手したのである。

慶応二年（一八六六）十二月二十五日、孝明天皇が崩御した。享年三十六。

死因は疱瘡であると発表されたが、なぜか四日間も崩御が伏せられ、二十九日に公式発表されたのである。

天皇崩御の二十日前、十二月五日に徳川慶喜は正二位権大納言の官位を授かり、征夷大将軍の座に就いた。

十五代将軍の誕生である。

これによってより一層強力な公武合体の政治体制ができあがると思われたが、構想は一気に挫折した。

この機に乗じて秘密裏に勅命取得工作を進めたのが、かつて孝明天皇の侍従をしていた岩倉具視と正親町三条実愛であった。

かつて岩倉は公武合体の推進に積極的で和宮降嫁に関わったが、尊攘派の公家たちに弾劾され、右近衛権中将を辞官し、文久二年（一八六二）京都郊外の岩倉村に身を潜めた。

ここに薩摩や長州の有力者たちが密かに訪れ、討幕の情報交換をしていたと思われる。

不遇な生活が続く岩倉にとって、慶応三年は特別な年となった。

一月九日、明治天皇睦仁親王が満十四歳の若さで皇位についたからである。元服前の践祚（皇嗣が天皇の位を承け継ぐこと）で立太子礼（皇太子）を経ず皇位継承となった。前の権大納言中山忠能は、娘慶子が孝明天皇との間に皇子を授かり、皇位継承したため外祖父となったことに岩倉は目を付け、帝の御傳役として、いつも身辺にいる中山忠能を仲間にする必要があった。

政治の内幕を若い天皇がどれ程理解しているか未知数であったため、事の成就に老公卿の力が必要だったのである。

慶応三年二月、王政復古の主役の一人となった岩倉の片腕であり、陰の立役者であった人物と岩倉村で出会った。

司馬遼太郎の『加茂の水』によれば、玉松操という老人で、西園寺末流の下級公卿山本家の二男だったが出家し、還俗後に岩倉に拾われた。

僧名を猶海といい、還俗後に山本毅軒と名乗った後、玉松操と改名した五十すぎの熱狂的な攘夷主義者であったという。

玉松操は討幕構想を立案し、文章化する役目で、岩倉が交渉して実現させる役目だったのである。

この年、五年にわたる蟄居謹慎を解かれ、京都守護職の監視つきながら京都市中に住むことを許可された岩倉は、すぐさま勝負に出た。

土佐藩が慶喜への大政奉還の建白書を提出した数日後の十月十三日、元治元年（一八六四）長州藩が京都に出兵し、会津・薩摩主力の軍と蛤御門で戦い敗れたために、長州藩主毛利敬親・広封親子は官位を剥奪されたが、官位を回復する旨の宣旨（内輪の勅旨）が天皇の意志として伝えられたのである。この宣旨も玉松操が書いたといわれる。

次に十四日、薩摩藩島津茂久父子と朝敵ではなくなった長州藩毛利敬親父子に「討幕の密勅」が授けられた。受け取った場所は、正親町三条実愛の屋敷であった。

玉松が起草した「密勅」は「詔す、源慶喜、累世の威を籍《か》り」という言葉ではじまり、慶喜を断罪しているが、慶喜を賊臣とよび、征伐すると共に、京都守護職松平容保、京都所司代松平定敬２人も罪を責めて滅ぼすべしと書かれていた。

中山忠能、正親町三条実愛、中御門経之の３人が署名した詔書だが、真勅か偽勅か、真相は分らぬまま大きな論議を呼んできた。

この疑問に踏み込んだ上州人がいたのをご存知だろうか。

岡谷繁実という館林藩士である。

出羽山形城内で生まれた家禄三百石の藩士だったが、水戸で尊王攘夷の学問を学んだ後、昌平黌に進んだ秀才である。

万延元年（一八六〇）館林藩の取次役となり、八月京に上って公卿三条実愛に会い、勅使の江戸入りを建言して館林に帰った。

元治元年（一八六四）館林藩主秋元志朝の長州征伐回避の命を受け、三条実愛と約束をして長州へ下向している。

明治に入って、岡谷繁実はこうした親密な関係の三条実愛に討幕の密勅の出た事情を質問している。

岡谷　繁実

問　討幕の勅書を薩長二藩に賜わったのは、如何なる次第か

答　余（三条実愛）と中御門経之の取り計らいだ

問　中山公（中山忠能）の御名もありますが、如何なる次第か

答　中山故一位（忠能）は名ばかりの加名である。それは岩倉（具視）の骨折りだ

問　勅旨と称するものと、綸旨との違いはどうか

答　薩長に賜わったのは綸旨（蔵人が勅命を受けて書いた文書）というべきだろう

問　綸旨の文章は何人《なんびと》の起草に係ったものか

答　玉松操というものの文章だ。玉松は至って奇人であった

問　筆者は何人《なんびと》ですか

答　薩州に賜わったのは余（三条実愛）が書いた。長州に賜わったのは中御門が書いた

問　右のことは二条（斉敬）摂政や親王がたとご協議のあったことか

答　右のことは二条にも親王がたにも少しも漏らさず、ごく内々のことで、自分ら３人と岩倉のほか、だれも知るものはない

三条実愛の話では、中山は名ばかりの加名ということになる。

宮内省で編纂した『岩倉公実紀』には、明治天皇の外祖父である中山忠能を経て「密奏し宸裁を経たり」と記されているが、その証拠となる史料はない。

だが、この「密勅」によって、討幕の大義名分を得たのである。

一方幕府側では、十月十二日、慶喜が大政奉還の建白を受諾する旨を、土佐藩の後藤象二郎に伝えた翌日、慶喜は京都に滞在中の諸藩の家老ら重臣を二条城の大広間に集め、大政奉還する決意を伝えた。

これを聞いた重臣たちの中には、倒幕派の薩摩、土佐、広島藩の家老たちがいた。彼らは慶

喜に一刻も早く御所に参内して大政奉還の上表（辞職すること）を提出して欲しいと願っていたが、政権を返上した慶喜側としては、朝廷に督促するのは恐れ多いと考え、三藩で朝廷に働きかけて欲しいと依頼したといわれている。

十月十四日、世にも不思議なことが起った。

慶喜が上表を提出した同じ日に、薩摩・長州藩に倒幕の密勅が下されたのである。

上表を受けた朝廷が翌十五日に承認すると、薩摩の西郷たちは倒幕の密勅を携えて鹿児島へと帰った。藩主島津茂久が兵を率いて京に上るのを実現させるためである。

ところが、西郷たちが京を離れている間に、政治情勢が大きく変化した。

大政奉還によって朝廷を中心とする新政府が樹立されることになったが、ただちに新しい政治体制の構築も出来ず、混乱をもたらしただけであった。

平安時代以降、六百年以上も朝廷は政治に携わっていなかったからである。統治能力もなく政権の実態のない朝廷内では、公卿たちは手ばなしで喜び、有頂天になっていた。

だが、大政奉還によって政治生命が絶たれたと思われた慶喜の評価が上がったのである。

慶喜の思惑通り、外交問題などで政治的空白が生じた。

朝廷は手の打ちようがなく、事あるごとに慶喜の意見を聞き、政治問題に関する難題に対し

ては、ただ許可するほか手段がなかった。

一方、慶喜の大政奉還という決断に猛反発したという江戸の幕臣（将軍家直参の家来）たちは、福地源一郎（幕臣で明治時代の新聞記者）によれば、「大多数は自分たちの俸禄が減るのを気づかうばかり」だったが、最も多い意見は「将軍のやり方はもっての他である。朝廷や薩長の歓心を買い、ここにきて薩長の勢いを恐れて、大政を返上した。この上はその非を挙げていさめ、最後には隠居させて再び幕府の権威を回復しなければならない」だったと述べている。

彼らは慶喜が一大名となれば、身分が格下げになるのを嫌ったのだ。

十月二十一日、朝廷は薩長二藩に対し、十四日に下された「討幕の密勅」の実行をしばらく延期せよとの沙汰書を出した。幕府の反発を恐れていたのである。

慶応三年、幕府の藩は二七〇藩あった。

諸藩の大半は大政奉還に困惑したが、最も反発したのは会津藩で、その怒りを一気に爆発させる事件が十月二十二日に起きた。

朝廷は外国の事情に精通している「両三藩」と相談して外交問題を処理せよ、という指示を下したのである。

諸藩の家臣たちは、「両三藩」とは薩摩藩や土佐藩を指しているのではないかと疑いをかけた。

すぐさま翌二十三日に十万石以上の藩（五十三家あり、うち外様は二十六家）二十四家の藩士が会合し、対応を協議したが、二十五日に、薩摩藩などへの反発が表面化し、親藩（御三家と福井藩、会津藩）と譜代大名（三河以来の家臣で一三〇家ある）の家臣たちは、幕府への大政再委任する要請をし、嘆願書を提出した。諸大名に上京を命じていた朝廷は、諸大名が挙《こぞ》って上京してくるまでは、慶喜に政務を委任する指令を出したのである。

朝廷自ら、幕府の圧力に屈し、政権担当能力がないことを示して、権威を著しく低下させたことになる。

さらに、十一月九日には「両三藩」と名指しで出した指令も撤回してしまった。

内政も外政も当分の間慶喜が担うことになったのである。

こうした事態の到来を予測してか、慶喜は幕府の体制強化を図るため、さまざまな幕政の改革に取り掛かった。

慶応幕政改革

一、外様大名を廃止。譜代大名・旗本・御家人のうち、無能な者は農商に師する

二、天皇と公家は完全に現実の政治から切り離し天下統治の任には将軍があたる

三、国家の中核となる官僚機構を整備し、外務、内務、陸軍、海軍、財政などの閣僚をおき、責任内閣制をとる
四、陸海軍の整備と訓練
五、交通・運輸手段の増強として、政府事業で牛馬道路を建設する

まず、老中制（全ての政務を取り仕切る十万石以下二万五千石以上の普代大名。4〜6名の定員で月番制）の再編を行ない、「五局体制」と呼ばれる老中の専任制の導入。6名の老中を「外国事務総裁」「会計事務総裁」「国内事務総裁」「陸軍総裁」「海軍総裁」に任じ、これらを統括する「老中首座」を置く。さらに、若年寄（老中の補佐と旗本、御家人の支配。3〜6名の定年制）の職掌も老中補佐の役目は変わらず、有能な人材を家格にかかわらず能力本位で登用する。

税制は、従来の年貢中心から、固定資産税や営業税、酒税はじめ物品税導入の検討。

そして、幕府陸軍の再編・強化にも着手。これらは、フランスの助言と協力によるものであった。

しかし、慶応の改革と呼ばれる数々の政策を実現させるには遅きに失し、大政奉還によって一気に暗礁に乗り上げてしまった。

一方、一刻も早く行き詰まった政局を打開したい討幕派は、朝廷の名で十万石以上の大名を京都に召集し、諸侯会議を開こうとしていた。

そこで、衆議一決で新政府の方針を決定しようとしたのである。

政権の代表は入札（選挙）で決めることになっていた。

京都参集を命じられた十万石以上の諸大名は日和見を決めこんでいたので、業を煮やした朝廷は十一月中に上京するよう督促の命令を出す程であった。

主要な藩で上京したのは薩摩、越前、尾張、芸州、彦根藩主らで、その他には京都周辺の二万石以下の藩主ら十数藩にすぎなかった。十万石以上で五十三藩、二万石以下でも一二二藩あるにもかかわらず、少数しか参加の意思を示さなかったのは、「これは薩長の陰謀だから軽々しく京に上ぼってはならない」と考える者が少なくなかったのである。

また、「幕命が無ければ朝廷のお召しに応じない考えであるがどうか」と意見を求める声さえあった。

このような状態で会議を開くどころではなかったが、薩摩藩の大久保一蔵（利通）と公卿の岩倉具視は、会議を開かせないで、幕府の権力の息の根を止めることを考えていた。

それが「王政復古の大号令」であった。

「王政復古」の歴史は夜つくられた

慶応二年四月、江戸で打ちこわしが始まり、五月には大坂周辺にも拡大した。これで火が付き、各地で「世直し」とか「世ならし」といわれる百姓一揆や打ちこわしが多発した。

戦争が始まるのではという危機感が高まっていたので、諸藩は軍事上の必要性から非常時の備蓄用に米の買溜めに走り、儲けの好機と考えた商人は買い占めをした。当然の如く、米の相場は青天井となったのである。さらに幕府や大名は軍事力強化のために、軍資金を豪商から大量に借り入れたので、破産する商人も続出し、不況と物価暴騰に庶民は苦しんだ。

慶応三年七月二十二日、生活の憂を晴らすかの様な騒ぎが、三河吉田（現在の豊橋）の城下町で始まった。伊勢神宮のお札が降ったとの噂が流れ、めでたいことの前兆だと人々は踊り始めたのである。

「ええじゃない」かと叫びながら昼夜踊り狂う。

「ええじゃないか」は東の江戸、西の広島まで広まり、集団で暴れまくった。

幕臣の福地源一郎は、十一月末に西宮で「ええじゃないか」に遭遇しているが、その模様をこう記している。

「此の踊は、其のころ諸神の御札が空より降ること所々に流行し（中略）或は云う、この御札降りは、京都方の人々が人心を騒擾せしむるために施したる計略なり」

ちなみに西宮には芸州（広島）の藩兵たちが駐留していた。文久三年（一八六三）、京都は江戸に変わる政局の中心となっていた。十数藩の有力大名が京都に集まり、加えて当時の将軍後見職一橋慶喜、政事総裁職松平慶永も上京したからである。

文久二年、尊王攘夷の浪士らによって天に代わって罪ある者を誅伐する天誅が横行しはじめた。年とともに天誅と称する暗殺やテロは増加したが、京都の治安は幕府が守っていた。

町奉行所が東西にあり、合わせて与力五十騎、同心百人、京都所司代（朝廷・公家を支配）に与力五十騎、同心百人を配していた。そこに新設されたのが京都守護職で、会津藩主松平容保が就任したが、暗殺やテロは一向に減少しなかった。

大政奉還後、公議政体派と王政復古派の対立が表面化したが、土佐藩を中心とした公議政体派にとって衝撃的な事件が起きた。慶応三年十一月十五日、坂本龍馬と中岡慎太郎は京都河原町の醤油商近江屋に潜んでいたが、夜に武装集団に襲撃され死亡したのである。坂本龍馬三十三歳、中岡慎太郎三十歳の若さであった。

坂本龍馬は、公議政体推進派だったから、山内容堂、後藤象二郎らの落胆ぶりは大きかった。

だが、倒幕勢力の拡大結集をはかっていた岩倉具視にとっては、好機到来であった。というのも、蟄居中にもかかわらず腹心を使って朝廷に密奏書を提出し続けていた岩倉具視は、公議

政体派を追放する機会をうかがっていたからである。

慶応二年八月末、岩倉の考えに同調する公卿22名を説得し、朝廷の会議に列席させ天皇に建議させようとした。

その内容は、諸大名を召集して国家の大方針を議定すること。安政五年（一八五八）以降、幽閉されている宮や公卿を許すこと。征長軍を解兵すること。朝廷の政治を革新すること。中川宮、関白二条斉敬を弾劾することであった。

しかし、この目論見は外れた。幕府べったりの公卿たちに一蹴されてしまったのである。時機尚早であったと岩倉は悟ったが、22名の公卿は徒党を組んで建白したかどで閉門や差控（出仕を禁じ、自邸に謹慎させること）に処され、岩倉は邸の監視が一段と厳しくなった苦い経験をもつ。

慶応三年十二月八日の夜、朝議が開かれ、禁門の変で朝敵となった長州藩の父子を赦免し、官位をもとに戻し入京を許可した。

さらに文久二年（一八六二）以来、蟄居を命じられていた岩倉具視や前関白九条尚忠の蟄居を免じ、還俗を命じられた。

文久三年、政局の主導権を握った公武合体派が古い尊王攘夷思想で暴れ回った長州藩士や浪

士を京都から一掃した事件で、九州に追放された三条実美ら七卿の罪を赦免する会議は夜を徹して行なわれ、摂政二条斉敬や有力大名らは紛糾した末に、朝八時に原案通り決定されたそうである。

摂政はじめ公武合体派の公卿、諸侯が挙って宮中を退出するのを見はからって、王政復古実現の計画が開始された。

翌九日午前九時、計画に従って薩摩藩兵が出動すると、尾張・越前・安芸の藩兵も続き御所の要所の警備についた。

全ての指揮を執ったのは西郷隆盛である。

公家門を守備していた桑名藩兵は勢いに押され、早々と撤退した。蛤御門は会津藩兵が守っていたが、薩摩藩兵は彼らを追い出すためにやってきて警備を交代した。誰しも激しく抵抗すると思っていたが、会津藩兵たちはすごすごと二条城へと引き揚げた。御所の警備は四藩で固められたのである。

今回の計画の中心人物は、西郷・大久保・岩倉と裏で協力していた木戸孝允（桂小五郎）らの長州藩士たちである。

召命を受けた親王・公卿たちが参内し、前夜から宮中に留まっていた尾張・越前・安芸の藩

主に加えて、昨夜の会議にわざと欠席していた薩摩藩主島津忠義も午後になってやっと参内した。

公議政体派の立場を明言していた前土佐藩主山内容堂は迷いに迷った揚句に、鯨海酔侯といわれたように朝から酒を飲んで、午後四時すぎに小御所に入った。

一時京都の政局に大きな影響力を持ち「一会桑」と呼ばれた（一は一橋慶喜、会は会津藩主松平容保、桑は桑名藩主松平定敬）3人は風邪を理由に参内しなかった。

山内容堂が「なぜ慶喜を呼ばないのか」糾弾していたにもかかわらず、3人が欠席したことは西郷、岩倉らにとって思う壺であった。

前日に官位を回復したばかりの岩倉具視は、玉松操が練り上げた王政復古の大号令文案を持って参内した。

朝議は学問所で行なわれ、数え十六歳の明治天皇が一同を引見、勅語のあと「王政復古の大号令」を下した。

「徳川内府（内大臣）、従前委任の大政返上、将軍職辞退の両条、今般断然聞こしめされ候」で始まる大号令は、旧来の朝廷の摂政・関白を廃止、幕府等の廃絶を宣し、総裁・議定・参与の三職を置いて万機を行なうとした。

ここに二六〇年余り続いた徳川幕府は完全消滅し、天皇をいただく新政府が誕生したのである。すぐさま三職を任命し、総裁は有栖川宮熾仁親王、議定は皇族から仁和寺宮、山階宮と3人の公卿中山忠能、正親町三条実愛、中御門経之、それに前尾張藩主徳川慶勝、前越前藩主松平慶永、安芸藩世子浅野茂勲、前土佐藩主山内容堂、薩摩藩主島津忠義の5人が任命された。参与には大原重徳、岩倉具視らの五卿の他、御所の門を守る薩摩、尾張、越前、土佐、芸州の五藩から3人ずつの参与を任命することとした。しかし、この決定は仮であった。

夜六時ごろから、学問所の隣にある小御所で、天皇臨席のもと初の三職会議が始まった。会議は異様な雰囲気であった。容堂を除く四大名の議定たちは一言も発言せず、容堂1人が孤軍奮闘で熱弁をふるって山内容堂対岩倉・大原の議論ばかりが続いたのである。

あくまで「公議政体」を貫きたい容堂は終始慶喜を守る発言をしたのに対し、参与の大原重徳は慶喜の忠誠の実証をみなければならないとし、官を辞し、領地を朝廷に差し出せと迫った。この言葉に怒りを爆発させた容堂は「現下の情勢は二、三の公卿の陰謀である」と言い放ち、酔った勢いも手伝って「おそらくは二、三の公卿、幼冲《ちゅう》の天子を擁して、天下の権力を私しょうとするもの」と言ったが、幼冲の天子という失言を岩倉は聞き逃がさなかった。「無礼であろう」と大喝した。

陪席していた越前藩士の中根雪江は『丁卯日記』に「容堂、気勝り、色驕る。傍若無人の状あり」と書き、その後の様子を「容堂恐悚《しょう》し、失言の罪を謝す」と結んでいる。

容堂は鎌倉時代の「建武の中興」の例を持ち出し、公家のみの手で天下の政事を執り行なうことは出来ないと食い下がった。

建武の中興とは、後醍醐天皇が鎌倉幕府を倒し、政権を取って年号を建武と改元したが、足利尊氏と対立し、わずか二年半で政権崩壊してしまった史実である。

岩倉は居丈高に「内府（慶喜）が本当に反省、自責しているなら、自ら進んで官位を退き、土地・人民を朝廷に置納し、その反省の実効をあらわすべきである。朝議参加の如きはそれからのことである」と熱弁をふるった。

議論はかみ合わないまま、十二時前後となって中山忠能は休憩を宣したが、朝廷では特別な重大事は深夜に評議する習慣があったので、夜食に鮨が出されたと思われる。

会議の再開後は岩倉の独壇場となり、一歩踏み出した以上は後戻りできないと諸侯の協力を得るよう下手に出たりして、やっと朝議は慶喜に辞官、納地を命ずることを決定した。

倒幕派は公議政体派に勝利したのである。

裏切りの連鎖——戦いの前夜

夜を徹して行なわれた朝議は全てを決着させた訳ではなかった。最大の難問、慶喜の辞官・納地を自ら進んで朝廷に内願するよう説得することで話をまとめたからである。

倒幕派は軍事力を使って官位を奪い、領地を取り上げる実力がまだなかったので妥協したのだ。

朝議が開かれる以前に、岩倉と大久保らは王政復古の官廷改革を土佐藩の後藤象二郎に洩らし協力の約束を取り付けたが、後藤は内心では倒幕派の計画に反対であり、ひそかに松平慶永に大久保らの企みを告げ口したのである。

驚いた慶永は側用人の中根雪江を二条城に遣わし、慶喜に事の詳細を伝えた。

後藤の裏切りで、慶喜には敵方の情報が筒抜けだったのである。ところが、慶喜は「余はすでに政権を返上した。将軍職を辞したので王政復古の号令があっても致し方ない」と同席していた老中の板倉勝静に述べたという。

この慶喜の不可解な態度に板倉はハラハラと涙を流したという。武士の棟梁らしからぬ姿に失望したに違いない。

もしも、慶喜が断固たる決意で、倒幕派に一撃を加える準備をしたら事態は変わっていたに違いない。決断しない慶喜は、家臣たちの期待を裏切ったのである。慶喜はあくまで他人まか

せで、慶永、容堂や後藤の手腕に期待するばかりであった。

王政復古はただ宣言されただけなので、十二月十日朝、慶永たちは昨夜の朝議の内容を伝えるべく二条城に慶喜を訪ねた。慶永と慶勝（前尾張藩主）は、慶喜の将軍職辞退は許されたことを告げ、徳川家領四百万石のうち二百万石を朝廷に差し出すようにとの内命を伝えた。

慶勝と慶永の尽力で、朝議は慶喜の願いを聞き入れたのである。なぜこれほどまでに大久保・西郷や岩倉は慶喜の納地にこだわったのか。朝廷はずっと資金不足で四苦八苦していた。

何しろ金が無かったのである。

元和元年（一六一五）徳川家康が「禁中並公家諸法度」を定めた。

天皇と公家の守るべき法を定めたもので、国政への参加ができないばかりか、得られる所得も定額で決められた。

天皇は禁裏（宮中）御料三万石だが、これで足りる訳はなく、立替金の名目で不足分が補われていた。

幕府から米八千石、金八百両、銀七四五貫が支給されたが、幕府は禁裏賄頭をおいて、出納の監督を行なっていた。加えて公家は一三七家で、宮家は伏見宮、有栖川宮、桂宮、閑院宮、中川宮、山階宮の六家。公家は近衛、九条、二条、一条鷹司の五家、華族（清華家）は久我、

三条、西園寺、徳大寺など九家、大臣家は正親町三条、三条西、中院の三家である。

公家の家領は約四万石で、最高は近衛家は二八六〇石、鷹司家は一五〇〇石で、以下は百石前後がほとんどである。下は蔵米の30石3人扶持で、他に役料として関白千石、議奏伝奏二百石、職事百石であった。

一方、幕府は総石高が約二五〇〇万石。慶応三年の資料によれば、藩、つまり大名の数は二七〇藩である。諸藩の総石高は一八一〇万石、幕領石高が六八二万石、うち家臣禄は二八八万石だから、将軍家の石高は三九四万石ということになる。

この経済力の差はいかんともしがたく、岩倉はじめ倒幕派はあくまで慶喜の石高に的を絞り、全てを取り上げようと考えていた。

これに対して慶喜は辞官、納地の原則に異存はないが、石高は四百万石でなく実質二百万石しかないので、全てを献上できない。旗本などの家臣を納得させてから返事するので猶予を頂きたいと回答した。

朝議は慶喜の願いを受け入れ、いったんは収まったのである。

王政復古の大号令が発せられた慶応三年十二月九日の翌日、京都郊外に待機していた長州藩の兵士たちは朝敵の汚名が消えて、京都に入り御所に参内した。温かく迎えられた兵士たちは

早速御所の門の警護についた。

禁門の変で追放された理由は何だったのか。冤罪か赦免かの説明もないままの結末で有耶無耶にされた。

長州藩の兵士が警護についた御所だが、この警護でも裏切りがあった。事もあろうに御三家の尾張藩、親藩の越前藩が岩倉の説得に折れ、兵隊をくり出して御所の門の守りを固めていた。

この二藩にひきずられて日和見主義の芸州藩（広島）も右にならえしたのである。平然と慶喜を裏切り勤王づらしていたことになる。

慶応三年十一月、大坂に駐屯する幕府軍の兵力は、京都守護職の会津藩、京都所司代の桑名藩を中心とした一万を超す大軍であった。一方の倒幕派は、薩摩の藩主島津茂久が三千人の藩兵を率いて船で上京し、長州藩の奇兵隊などの兵士一二〇〇人は西宮に陣を張った。これに後続一三〇〇人も加わった。

二股をかけていた芸州藩は長州藩の誘いに応じて、藩世子浅野茂勲が藩兵三百人を率いて上京した。

十二月八日、王政復古の朝議が開かれた頃、慶喜のいる二条城に幕府側の兵士が続々と集結した。

その数、旗本を主力とした幕府陸軍兵五千人、会津藩兵三千人、桑名藩兵一五〇〇人で一万人近い兵力である。

だが、百万石の加賀藩は「天皇のお膝元に藩兵を留めて事を起こしては恐れ多い」との口実を設けて、金沢への帰途についた。こんな裏切りをする日和見主義の藩主もいたのである。

それでも一万対五千の戦力差は歴然としていたが、戦争か平和か緊張は日々高まっていた。幕府側の会津藩兵は戦意が殊の外高く興奮状態にあったといわれ、慶喜は彼らに城外に出ることを禁じている。

朝廷でも裏切り行為が出た。

総裁有栖川宮が十二月十一日に辞表を出したのである。これは受理されなかったが、翌日には議定仁和寺宮が意見書を提出した。特に身分の低い岩倉具視が権勢をもつのを非難したもので、宮中においては上下関係を乱すのはいかがなものかと、公卿の多数の意見を代弁したのである。

こうした不安定な状況を見透かすかの様に、十二日に山内容堂も朝廷に意見書を出した。慶喜に納地を命ずることは、朝廷経費を分担させることにあるとし、慶喜のみならず諸大名にも分担させようと提言したのである。

倒幕派が主張する慶喜のみの納地を骨抜きにしてしまう、見事な論理のすりかえであった。

幕府側と倒幕側の朝議で繰り返される攻防に、慶喜はどう決断してよいか分らず1人で苦闘し踠いていた。

将軍職の辞職は受け入れても、領地を奪い取られることは断じて許せない一線であった。

武力対決については、圧倒的軍事力の差があるので負けることはないと自信を持っていた。

だが、最も恐れていたのは、朝敵として討たれることであった。慶喜の最大の自慢は、将軍のなかで天皇家の血統につながるのは自分だけであるという事にあった。

慶喜の父徳川斉昭の夫人は、有栖川宮家六代目当主織仁のむすめであり、有栖川宮家は後陽成天皇の第七皇子だった好仁親王が高松宮の称号を得て創設した宮家である。慶喜は有栖川宮家の血をひくだけでなく、四代前の霊元天皇に行き当り、霊元天皇五代の孫であった。

有栖川宮の八代幟仁親王の子が熾仁親王であり、慶喜の生母の甥にあたるから、熾仁親王（総裁、東征大総督）と慶喜は従兄弟同士となる。

この血筋が歴史を複雑にしていく一端となったのである。

指導者として統率力を発揮できない慶喜に、慶勝と慶永は一先ず大坂に移って心機一転の策を練ってはどうかと提案した。

それは会津兵たちの熱り立つのを鎮めるためであり、懸案の納地と辞官の問題は自分らで解決するからと勧めたが、慶喜は容易に首を縦に振らなかった。

ところが十二月十二日の午後になって、慶喜はやっと大坂に下る決心を固めた。大坂行きを阻止しようとする会津兵に向かって、慶喜は「余には深い謀がある。必ず薩長の罪を問う。心配するな」と約束し宥め賺した。そして朝廷には、大坂への一時下りの届けを出したが、許可をもらう間もなく京都守護職の松平容保、京都所司代の松平定敬、老中の板倉勝静らを従え、夜の闇に紛れて二条城の裏門から抜け出した。大坂城に入ったのは翌日の夕方である。それにしても、慶喜のこそこそとした行動はなぜだったのか。

単に頭に血の上った会津兵たちの頭を冷やさせるためだったのか、それとも大坂城で一万五千に膨れあがった戦力で持久策をとり、裏から朝廷に手を回して影響力回復を諮ろうとしたのか、慶喜の真意は分らない。しかし、この企みは倒幕派にはお見通しだった。内部事情を探る情報網があったからである。

敵方のいなくなった京都は完全に薩長軍の支配下となった。大坂に退いた慶喜は不可解な行動を起こす。

新政府の要求に応じて五万両を提供したのである。金欠病で青息吐息の敵に塩を送るこの行

為、狙いは何だったのか。

この後、慶喜は有栖川宮総裁宛に、王政復古の大号令の取消しを促す要求書を送りつけた。大勢が納得する政権樹立のために大政奉還を行なったのに、薩摩藩や岩倉のせいで間違った方向に行ってしまった、という言い分である。

その後の三職会議で、十二月九日の小御所会議の決定は容堂、慶永、後藤の尽力で、無きものにされ、慶喜は前《さきの》内大臣と称すること、二百万石の献上は継続審議とされる筋書となった。まさに大逆転の決着である。ところが、公議政体派が喜んだのも束の間、大逆転劇が再逆転する大事件が起った。

慶応三年十月、慶喜が大政奉還を表明したことで、幕府と戦う大義名分を失なった戦闘派の西郷隆盛は、薩摩藩士の益満休之助と伊牟田尚平に江戸に潜入して浪人や無頼の徒を集め、手段を選ばず市中を混乱させよと命じたのである。

彼らは三田の薩摩屋敷を根城に、酒と金で無法の輩を勧誘し、五百人ほど集めたという。夜毎商人の家に押し入り大金を奪い取ったが、十二月に入ると放火、掠奪は激しさを増した。江戸にいて、かねてから薩摩藩邸の藩士、浪人を全員逮捕すべしと主張していた幕府勘定奉行の小栗上野介らは強硬に即時検挙を叫んでいた。

薩摩藩の狙いは幕府に薩摩藩討伐の声をあげさせることであった。

十二月二十三日早朝、島津斉彬の養女で先々代将軍家定夫人の天璋院の住んでいた江戸城二の丸が全焼した。奥女中の部屋から出火したといわれる。

将軍の居城が狙われたのである。家臣たちの怒りは頂点に達していた。

二十五日、浪人たちはさらに挑発するかの様に、三田の庄内藩屯所に発砲したのである。庄内藩の他五藩の兵二千人で応戦し、ついには薩摩藩邸を焼き払った。多くは討死したが、伊牟田らは藩の汽船で大坂に逃げ帰った。西郷の策略大成功である。

二十八日、大目付滝川具挙の手で大坂に三田の薩摩藩邸焼打ちの報が伝わった。「ただちに薩摩を討て」と老中板倉勝静、若年寄平山図書頭、大目付戸川伊豆守、目付榎本対馬守ら周辺にいた幹部は、我を忘れて興奮し慶喜の決断を待ったのである。

それまで沈着冷静に隠忍自重していた慶喜の堪忍袋の緒が切れたのか、慶応四年正月一日に「討薩の表」を起草した。

同じ日、参与の中根雪江は主君の議定松平慶永の意をうけて岩倉具視を訪ねた。参与から議定に任ぜられた岩倉は薩長二藩の武力での討幕に反対しているので、慶喜が参内して辞官、納地の命令を受諾した旨奏上すれば、ただちに慶喜を議定に任ずると中根に語った。

武力衝突を避けて公議政体論で円満に解決することを望んでいたのである。

倒幕派の意見が二つに割れている事を知り、数日間慶喜が自重すれば違った展開になったのは確実である。だが、西郷の謀略に乗せられてしまった大失策が「討薩の表」であった。

前文にこうある。「臣慶喜、謹で去月九日以来を恐察し奉り候えば、一々朝廷之御真意にこれなく、全く松平修理大夫（島津忠義）奸臣共陰謀より出候は、天下之知る所（以下略）」

十二月九日大政復古の大号令以来、新政府から発せられた指令は、朝廷の真意ではない。すべて薩摩藩内の奸臣（悪巧みする臣）どもの陰謀から出ていることは天下の知るところである、と決めつけ、江戸などの強盗騒ぎも薩摩藩士が煽動したものである。奸臣どもを引き渡して頂きたい。さもなくば、止むを得ず誅戮《ちゅうりく》（罪ある者を殺す）を加えるという内容である。

江戸から京都にやってきた旗本で大目付の滝川具挙が、薩摩藩の罪状をあげた別紙を添えた「討薩の表」を二日に朝廷に差し出すことが決まった。

薩摩を標的に定め、徳川の決意を表明した「討薩の表」だが、二十八日の薩摩藩邸焼打ちの報から作成に二、三日も費やす始末で、緊張感も相手に与える迫力や恐怖心も感じさせられない文面である。ただ薩摩を誹謗中傷するだけであった。

慶喜周辺の首脳たちは文書以上に、最も重要な戦争の準備という具体策など思いは及ばな

かったのである。

だが、「討薩の表」が朝廷側に渡れば、宣戦布告になる。徳川の運命は、この瞬間に決まったと言って過言ではない。

寝返り合戦――鳥羽伏見の戦い

正月二日、幕府の一万五千の大軍は老中格大河内正質（上総大多喜藩主）を総督、若年寄塚原昌義を副総督として、午前に京都に向けて大坂城を出発し、夕方に（江戸城にいる）老中稲葉正邦の居城である淀城に到着した。

幕府軍の軍配書をみると、各部隊の配置、兵隊数が示されている。

大津（東海道の守り）……歩兵頭、福王駿河守、一大隊（四～五百名）

黒谷……歩兵奉行並佐久間近江守、河野佐渡守、二大隊（八百～千名）会津兵四百名

大仏……陸軍奉行並高力主計守、歩兵奉行並　横田伊豆守、歩兵二大隊（八百～千名）、会津兵四百名

二条城……陸軍奉行並大久保主膳正、歩兵奉行並徳山伊豆守、歩兵二大隊、京都見廻組四百名

伏見……歩兵奉行並城和泉守、歩兵頭　窪田備前守、歩兵一大隊新選組一五〇名

鳥羽……若年寄格、陸軍奉行竹中丹後守（重固）、秋山下総守、歩兵一大隊、小笠原石見守、歩兵一大隊、桑名四小隊（一二〇～一六〇名）

淀（本営）……総督、老中格松平豊前守（大河内正質）副総督、若年寄塚原但馬守（昌義）

淀川沿いにある淀城から大軍は二手に分かれ、勇猛な会津藩兵を先鋒にした本隊は伏見街道を進んだ。

別働隊は桑名藩兵を先鋒として鳥羽街道を目指した。

三日に、京都を二方向から攻め込む作戦である。

こうした幕府側の動きに対して、二日に御所では三職を集めて会議が開かれた。

慶喜をいつどのような形で京都に参内させるかという難題で揉めていたのである。

薩摩藩の大久保一蔵は、慶喜が会津、桑名藩主を藩元に帰らせることにより、部下を十分鎮めているとの実証を見せた後に、はじめて入京参内を許すべきと要望していた。

慶喜には武器を携帯した部下も連れず、丸腰で京都に来る勇気があるかどうか諮っていたのである。

討議は長びき議決できないでいたが、幕府軍が二日に大坂を出発し京都に向っていたことを、朝廷側は夕方まで知らなかった。会議の一同は驚き、慌てふためいたが、公議政体派の松平慶永らはその報を知るとそそくさと席を立ち、慶喜の軽率な行動を思い止まらせようと、側近の中根雪江を大坂に派遣することを決めた。

だが、中根が京都を出発したのが三日朝である。幕府軍はすでに鳥羽、伏見まで進軍してい

たので、時すでに遅きに失した。

なぜ二日中に、遅い時間でも飛脚なり早馬を走らせて一刻も早く京都進攻を止めなかったのか。

所詮は、お殿様であった。非常時の緊張感に欠け、迅速な判断力と行動力が無かったという事が、重大な局面を招いたのである。

朝廷は三日正午、緊急会議を開き、幕府軍が早々に撤退しなければ、朝敵として討伐することを決定した。

ついに全面対決の時がきたのである。

すぐに臨戦体制をとった新政府側は、三日に伏見方面は長州藩兵が主力となり、伏見奉行所の幕府軍を包囲する作戦に出た。鳥羽方面は薩摩藩兵を主力として、守りを固め、東海道方面の守りには九州と四国の阿波・平戸・大洲・大村・佐土原五藩と驚いたことに桜田門外の変で倒れた井伊大老のでた譜代大名である彦根藩が朝廷側に加わり、幕府軍の攻撃に備えていたのである。

彦根藩は、開戦前から寝返ったことになる。

そして、ついには公議政体派の中心人物だった土佐藩の山内容堂の軍勢までもが朝廷側につ

いた。

慶喜にとっては予想外の寝返りであった。

伏見を進んだ若年寄格で陸軍奉行の竹中重固は薩摩藩兵に書を送り、「徳川内府（慶喜）が京に入る件につき、会津侯、桑名侯が通るのでよろしく取り計らってくれ」と通告した。

薩摩側は朝廷にお伺いをたて、指示があるまで通せないと回答したが、通す通さないの押問答が夕方まで続いた。

夕方四時には、朝廷に差し出す「討薩の表」を持参した大目付の滝川具挙が、先鋒の桑名藩兵約一五〇名を率いて鳥羽の関所に到達した。ここでも「通る」「待て」の押問答が続いたが、関所を守る薩摩藩の椎原小弥太は五時を過ぎて焦れたのか、薩摩藩陣地から発砲した。銃声が合図になったかの様に、伏見でも薩摩藩兵が発砲を開始したのである。

実はこの発砲の一日前の二日夜、大坂湾ですでに戦闘は始まっていた。幕府の軍艦奉行榎本武揚の指揮する軍艦開陽丸が、兵庫沖に停泊していた薩摩藩の汽船平運丸に砲撃を加えた。

薩摩藩の使者は抗議に向かったが、指揮官の榎本は「幕府はすでに江戸で薩摩藩邸を焼打ちし、交戦状態であるから攻撃するのは当然である」と主張した。

二日から三日にかけて、ついに海と陸で全面的な戦争が始まったのである。

鳥羽では、隊列を組んで行軍していた幕府軍に対し、薩摩藩兵は街道の側面に潜んで一斉射撃する作戦が効を奏し、先手を取られた幕府軍は損害甚大で撤退を余儀無くされた。

伏見では、長州藩兵が幕軍本営の伏見奉行所を猛砲撃した。幕府自慢のフランスの最新鋭シャスポー銃を装備した歩兵隊はなすすべもなく敗走し、陸軍奉行の竹中は全軍を淀城に撤退させた。

だが、開戦当初、公卿たちは負けを覚悟して動揺していた。一万五千の幕府軍に対して新政府軍は僅か五千の戦力である。万一の場合は、天皇を安全な所に移すことまで考えていた。王政復古派の彼らは天皇を隠語の「玉」と呼び、どこまでも「玉」を守り抜くことが勝利に結びつくと考えていたのだ。

鳥羽、伏見の戦いで新政府側の勝利を知り、公卿たちの動揺が収まった三日の夜更けに、朝廷は議定仁和寺宮を軍事総裁兼任とし、翌四日、征討大将軍に任じて錦旗と節刀（勅命によって遠征する武臣に賜わるもの）を授けた。

慶応三年十月、錦旗つまり錦の御旗は、岩倉具視の懐刀であった玉松操の創作であった。討幕の密勅を起草した他に、大きな戦力になるものがあり、それを薩長軍に持たせれば勝てると、岩倉に妙案を披露した。しかし、誰も見たことがない物であり、参考になる書物を調べた。

『承久兵乱記』によると、赤地錦を地に、不動明王を形どったものを図案化したものである。『梅松論』によると、錦の地に日輪を描き、天照大神と八幡大菩薩の文字を金で打ち付けたものとある。

これらを参考にしたものの、作られた図案は玉松の想像したものであった。

これを岩倉は薩摩藩の大久保一蔵に製作理由を話して見せ、大久保は長州藩の品川弥二郎に製作を託した。

京都祇園の料亭一力の娘が、使用目的も知らず西陣で大和錦と紅白の緞子の帯地を購入したのである。

品川はそれを持って長州に帰り、山口藩庁近くの土蔵で製作した。玉松の図案と大江匡房の『皇旗考』を参考にし、日章入り錦旗二旒、菊花章入りの紅白の軍旗二十旒を作り上げた。征討大将軍は薩摩、安芸二藩の兵と共に、京都南端にある東寺に進み、ここを本営とした。長さ四・二メートル、幅九十センチの旗二旒が翻った。

この時から玉松の予言通り、旗が大きな戦力となり、絶大な威力を発揮するのである。

四日も鳥羽、伏見で戦闘は続いた。幕府軍は反転攻勢をかけ、猛反撃を開始したが、返り討ちに遭い撤退を繰り返した。

夜を徹した戦闘で、幕府軍は新政府軍の追撃をかわし淀城に逃げ込んで態勢を立て直そうとした。

ところが、江戸にいる幕府老中を藩主とする淀城の藩兵たちが、入城を断固として拒絶したのだ。

しかも事も有ろうに追撃してきた新政府軍を淀城内に招き入れたのである。

弱り目に祟り目となった寝返り行為は、心理面だけでなく、淀川沿いの地は重要な交通の要衝であったので、戦略的にも大打撃を受けた。

それだけではない、京近くの山崎を守っていた津藩兵が、六日朝に幕府軍を砲撃しはじめたのである。

津藩軍の総帥、家老の藤堂采女は藩主藤堂高猷に命じられて幕府を見限り、新政府側に寝返ったといわれる。

津藩の決断が、寝返りの雪崩を打つきっかけとなった。

近畿より西の諸藩が次々と新政府軍の軍門に下ったのである。中でも、先代将軍家茂の出身であった御三家のひとつ紀州藩も鳥羽・伏見の戦いが始まった日に寝返り新政府側についた。

これで幕府軍の士気は一気に下がり、全軍総崩れとなって大坂へと敗走する序曲となったが、

それもこれも切っ掛けは錦旗であった。錦の御旗は、鎌倉時代の頃から朝敵討伐の際、天皇の標章として用いられたものである。

それが東寺の征討大将軍の本営に翻ったということは、逆らう者は朝敵となると幕府軍の各藩は思ったが、それ以上に慶喜は震え上がる程驚き恐れ戦いた。

何としても朝敵にはなりたくなかったのである。

玉松操の予言通りの展開であった。

大坂城の慶喜は三日の開戦以来、四日続けて敗北の報ばかり受けていた。追いつめられた慶喜に、起死回生の挽回策が浮かぼうはずがなく、諦めが先に立った。ことに淀藩、津藩に続く寝返りの連続で幕府軍の総崩れを知ってからは、江戸に戻って再起をはかる決意を固めたのである。

そして、側近の老中板倉勝静と若年寄の永井尚志と密かに相談し、大坂城を脱出する準備を完了した。

その夜、慶喜は集まった兵士を前に、「千騎没して一騎となるも退くべからず」と激励すると、兵士たちは狂喜乱舞して士気を高揚させた。だが、自ら陣頭指揮をして反攻に出る気などなく、平然と欺いたのである。

夜十時ごろ、慶喜は老中首座の板倉勝静、老中酒井忠惇、会津藩主松平容保、桑名藩主松平定敬、戸川伊豆守、山口駿河守らを従えて城を抜け出したが、火消しの新門辰五郎の娘お芳も同行していた。非常時に愛妾を連れて行くとは、どういう神経をしているのだろうか。

一行は小舟で安治川（旧淀川）を下り、天保山沖に出て、幕府の軍艦開陽丸に乗船しようとしたが、探しても船を発見できず、アメリカ軍艦に収容してもらい一夜を過ごす失態を演じていた。七日にようやく開陽丸に乗船し、翌日副艦長沢太郎左衛門に出航を命じた。だが沢は「開陽丸は旗艦であり、単独では出航できない。艦長の軍艦奉行榎本武揚も作戦打合せのため上陸中だから、出航を延期されたい」と懇願したが、慶喜は聞き入れず無理矢理出航させた。

軍艦は十一日夜半に品川沖に到着し、一行は浜離宮に上陸。

そして十二日朝、江戸城に入ったのである。

部下が命懸けで戦っている最中に、コソコソと逃げ出すとは、前代未聞の恥ずべき行為といわざるを得ない。

艦長の榎本武揚は大坂城内の約十八万両を運び出して富士山艦に移し、城を退去する時、火薬庫に火を付け爆発させた。

榎本に率いられた艦隊は江戸に帰り、九日に長州藩兵が大坂城に入るともぬけの殻で、すぐ

さま占拠した。

大坂と京都から幕府の兵士たちが姿を全く消したのである。勝負事でいう「番狂わせ」とは、まさにこの一戦であろう。

圧倒的な戦力差があったのに、なぜ緒戦の鳥羽、伏見の戦いで幕府軍が敗北を喫してしまったのか。

幕府の勘定奉行小栗上野介は、幕府の権力を確立するための軍備充実を最大の目的とした。旗本が個別に軍役を務める制度をやめ、旗本から納めさせた金で軍兵を養う軍制改革の推進者となった。

旗本以下の家臣は銃隊に編入され、フランスから借入れた六百万ドルの大半をフランスの兵器購入にあて、装備の充実をはかった。慶応三年、フランスの軍事教官が来日すると、伝習所で軍事教練を行なった。

こうして幕府陸軍の歩兵、騎兵、砲兵あわせて五千人が誕生したのである。

これより以前に実は幕府の軍制掛りは、はじめて新式の歩兵、騎兵、砲兵を編成した時から、身分の上下にかかわらず有能な人材を登用しなければ、新しい強い軍隊はつくれないと上役に訴えていたが、従来の決まりに囚われ、身分制の壁を取り払うことが出来なかった。

京都に出兵した時、幕府の幹部は最新装備の歩兵を頼りにし、新選組や京都見廻組、会津藩兵、桑名藩兵など時代遅れの兵器を持った寄せ集め部隊の戦力を補って欲しいと思っていた。だが、期待はずれであった。実戦経験が浅く、ほとんど役に立たなかったばかりか、士気が低く、戦場を逃げ惑う始末だった。それにも増して、指揮官の無能ぶりは目を覆うばかりだったという。陸軍奉行の竹中重固は単に身分が高いだけで、軍事の知識は全く無かったといわれる。最大の敗因は、司令官竹中の早すぎた退却命令や参謀長にあたる滝川具挙の追撃中止命令による攻勢の頓挫など判断の誤りは数えたら限りがなかったという。

さらに竹中と滝川が揃って早々と戦場を離脱した結果、各部隊がてんでんばらばらに戦闘を続けるという混乱が起きたのである。

まだある。大河内総督は先鋒に軽武装の滝川隊を送り敗北につながったこと。一万五千という大軍を擁しながら、佐久間隊の反撃が効を奏し有利な戦況になったのに、増援部隊を送らないで見殺しにしたことなどが挙がったが、大河内正質は年が若く、戦争体験もない素人同然だったのである。

こうした幹部の資質以上に、一番の問題点が浮かび上がった。『桑名藩戦記』に「歩兵も銃に弾を込めおかず」という一文がある。

滝川隊は縦列で行軍していたが、その際銃に弾を込めていなかったというのである。この信じられないことは、誰の命令だったのか。こちらから先に手を出すなと釘をさされていたのか、謎である。また、慶喜の小姓を務めていた村山摂津守という人物の談話を書きとめた『木摂記』がある。

一月三日夜、戦況を急報された慶喜の反応をこう伝えている。慶喜は非常に驚いて、老中、若年寄、会津、桑名の藩主らを集め、「戦争になるのはわが素志（平素の志）にもとる。すぐ先供の兵隊を引き揚げさせよ」と言ったそうである。

慶喜・他力本願の人生

慶喜が密かに大坂城を抜け出し、江戸へと逃亡した一月七日、朝廷は慶喜追討令を発した。その理由は、朝廷に差し出す「討薩の表」を持参し、京都へと進軍してきたことに対して、慶喜の大政奉還は名のみの詐謀であり、「慶喜の反状明白、始終朝廷を欺き奉り候段、大逆無道」と激しい言葉で断罪し、追討するのは止むを得ないことだとした。

慶喜は朝敵となったのである。

明治になって回想を記録した『昔夢会筆記』があるが、それによると、「父斉昭から尊王精神を叩き込まれていたため、朝敵となったことがひたすらに畏れ多かった」と語っている。

なぜ朝敵になることを恐れたのか、それは慶喜の生まれにある。慶喜は天保八年（一八三七）御三家のひとつ水戸藩の藩主斉昭の七男として生まれた。男児の名前には、みな麿がつけられたが、慶喜は七番目だったので幼名七郎麿と名付けられた。

母は有栖川宮家六代目当主織仁の娘、登美宮吉子である。

有栖川宮家は後陽成天皇の第七皇子だった好仁親王が創設した親王家である。また慶喜の血筋をたどれば、江戸時代初期の霊元天皇にゆきわたる。

将軍のなかで、天皇家の血統に繋がるのは唯一、慶喜だけである。これが最大の誇りであった。

父の斉昭は、人前では七郎麿を「豚児」とか「牧豚同様田舎者」と呼び、謙遜していたが、実は自慢の子で最も可愛がっていた。慶喜は幼少から英明を謳われたと伝わっている。

そのきっかけは、父斉昭の慶喜評で、「七郎麿は天晴名将になるかも知れないが、悪く育つと手に余るようになるかも知れない。いずれにしろ頼もしい」と言ったという。

この時七郎麿はわずか六歳である。斉昭の親馬鹿が慶喜の人生に大きく影響したのは間違いない。

一橋慶喜

慶喜は弘化四年（一八四七）一橋家を相続した。十一歳のときである。八代将軍吉宗が創始した三卿は、将軍家の血を絶やすことがないよう人材を補完する存在で、はじめ田安と一橋家だったが、九代将軍家重が清水家を加え御三卿となった。このうちの一橋家はなぜか当主の若死（四代から七代続く）、早死（八代目になるはずの幼児）が相次いだので、養子をとり跡取りにする必要があったのである。

御三家から御三卿に養子という前例が無かったが、父斉昭の強い意向も働き、慶喜に白羽の矢が立った。

一方、老中阿部正弘も今後の政治に斉昭の力が必要と感じ、話がまとまって、七郎麿の一橋家相続の内旨が示された。十二月一日、元服した七郎麿は江戸城に登城し、将軍家慶から偏諱（家慶の慶の一文字）を賜わって慶喜と名乗ったのである。松平七郎麿（御三家の世子は徳川を称するが庶子は松平姓）は従三位左近衛権中将に叙任され、刑部卿と称した。一橋慶喜の誕生である。

これは本人の意思によるものではなく、あくまで政治的な決定であった。一橋家を相続して一年余、嘉永元年（一八四八）十二月四日、将軍家慶は大納言一条忠香の娘千代姫との縁組を命じた。

慶喜がまだ十二歳のときである。しかし、この話は四年後、千代姫が病気のため破談となった。

嘉永六年（一八五三）五月十八日、ペリーが浦賀に来る二週間ほど前、権大納言一条忠香の養女延君（美賀子）と縁組するように家慶の上意が伝えられたばかりの六月三日、ペリーが浦賀に来航。開国か否かで揉めているさなか、十二代将軍家慶が六十一歳で死去した。四十四歳で将軍職を継いでから十七年の在職であった。その死は国政混乱の折ということで、一カ月も伏せられ、七月二十二日に発表された。

家慶は27人もの子供を儲けたが、みな早世し、無事に成長したのは第九子の家祥で、跡継ぎとなったのは三十歳の時であった。

十一月二十三日征夷大将軍宣下を受け、内大臣に任ぜられて諱《いみな》も家定と改めた。

生来の病弱で幼ない頃に疱瘡にかかり、癇症《かんしょう》（神経過敏で激しやすい性質）もちだったといわれる。言語も不明瞭で脳性麻痺者ではなかったかと推定されてもいる。その上致命的な欠点は生殖能力がないことであった。それ由、将軍家定就任の時から後継者が取沙汰されてきた。一番手の候補が十代の慶喜であった。だが、慶喜は跡継ぎにならないと言っていたといわれる。

父斉昭への書簡に「将軍になると骨が折れるから嫌という訳ではないが、将軍になったのち失敗するくらいなら、将軍にならないほうがましである」と書いている。さらに「自分が将軍になれば、天下滅亡の基になる」と言い放題である。

将軍になりたくないどころか、推されればやってもいいという訳である。その後、越前藩の松平慶永と薩摩藩の島津斉彬による慶喜の将軍擁立運動が始まった。

安政三年（一八五六）斉彬は養女篤姫を右大臣近衛忠煕の養女に仕立てて将軍家定に輿入れした。前夫人が若くして２人続けて死亡した為、３人目の正室となった。

斉彬夫人も曽祖父重豪の前夫人も一橋家の出身だったので、より一層親密な関係が構築され

た。

　一方の松平慶永は、将軍吉宗の直系が十代将軍家治で絶えたとき、御三卿の一橋家治済の長男家斉が十五歳で将軍に就任した先例にならって、慶喜を擁立しようと考えたのである。慶永自身が田安家に生まれ、将軍家慶の命で越前藩の松平家を継いだ経緯があり、慶喜を将軍にすることによって、永年譜代大名と幕臣で運営されてきた政治を、御三家や松平一門、外様の諸大名にも参加させようという幕政改革を狙っていたのである。

　嘉永六年（一八五三）七月一日、阿部正弘は日米和親条約締結に関するアメリカの国書を諸大名や幕臣たちに示して、どう対処すべきか方策を諮問した。

　大名の二五〇通をはじめ幅広い層から七百ほどの意見が寄せられたが、断固要求を拒否という意見の他に、回答をなるべく引きのばせとかアメリカの要求を容認するのも仕方なしの意見もあり、ひとつの結論を導き出すのは不可能であった。

　中には十七歳の慶喜の上申書もあった。

　いわゆる鎖国政策の変更に反対し、アメリカの要求は拒絶すべきで、アメリカが軍艦を差し向ければ防禦を厳重にする、という意見を開示した。

　当り前すぎる意見で見るべき内容のないものであった。小普請組の下級役人であった勝海舟

（麟太郎）も答申書を提出し、人材を登用すること、貿易の利益で軍備を整え、大型船を造って海外に出て貿易すべきであると意見を述べた。

当時としては思い切った人材登用を行なっていた老中の阿部正弘は、勝の上申書に注目したのか、禄高四十俵の薄給ながら蘭学を勉強していた事から蕃書調所勤め（外国書物翻訳）となって八十俵に昇給した。さらに長崎海軍伝習生から小十人組（将軍の身辺警護）へと駆け上がり、出世路線を歩むことになったのである。

安政三年（一八五六）三月、慶喜は十九歳になっていた。

父斉昭の側近藤田東湖の依頼で、勘定奉行の川路聖謨が慶喜に帝王学を教える指南役を務めた。

慶喜の欠点である自惚れの強さを矯正しようとしたのである。

「諫言を容られるべし。直言の士を用いられるべし」と君主の心得を助言したが、慶喜の性格は生涯変わることはなかった。

安政三年（一八五六）六月、一橋家に醜聞騒動が起きた。

島津斉彬から松平慶永に宛てた手紙で明るみにでたもので、慶喜夫人の美賀子が自殺を図り未遂に終わったというのである。原因は美賀子が嫉妬深い性格だったかららしい。二十五歳で

没した一橋家七代目の慶寿の未亡人徳信院が謡を慶喜に教えたのがきっかけらしい。

慶永は亡夫慶寿の弟だから徳信院は兄嫁にあたる。二十歳の慶喜と二十七歳の徳信院の密通の理由は、美賀子と徳信院の容姿が余りに違いすぎるせいだと分析されている。一方、父の斉昭も大奥で不倫の噂が立っていた。嫡男慶篤（水戸藩主）の正室線姫（有栖川宮幟仁親王の娘）とただならぬ関係になったという。父の行為に怒った慶篤が線姫付きの侍女を寝室に引き入れ不倫したというのである。大奥で広まった噂に、慶永は「やはり斉昭の血筋としかいいようがない」と嘆息をついたという。

ちなみに斉昭の側室は8人で、36人の子供を儲けたが、17人が早世している。

斉昭、慶喜の大奥での悪い評判は、好色だけでなく他にもあった。斉昭は大奥の大改革を掲げ、「大奥は政治上の大弊害」とか「大奥は金がかかり過ぎる」と公言していたので、大奥から猛反発を食らったのは言うまでもない。

大奥での評判を気にしてか、慶喜は兄の慶篤を介して老中阿部正弘に将軍辞退を伝え、自らも次の老中堀田正睦に三度も会って重ねて辞退し続けた。さらに将軍側衆（側用取次）とも会い辞退の意志を伝えていた。

徳川一門は御三家や分家の支流も含めて二十三家あった。そのうち宗家（将軍家）、御三家、

御三卿の他、越前松平家や会津松平家を合わせた九家が狭義の一門である。

一橋家の二代目治済の子である家斉が十一代将軍になってから、57人の子沢山で男子13人が御三家や家門の大名家の養子に入り、女子12人も正室や側室に入ったので、一橋系の家が増えた。

宗家、尾張家、紀伊家、田安家、一橋家、清水家、越前家と九家のうち七家を占め、それ以外は水戸家と会津松平家のみであった。しかし、天保年間（一八三〇〜）から一橋家の血統が行き詰まり、代わって水戸系の家が増えたのである。

将軍後継ぎの候補は、御三家と御三卿の出身者5人に絞られていた（清水家は候補不在）。この勢力図をみると、将軍には慶喜が圧倒的有利と思われるが、事は簡単ではなかった。

将軍の後継ぎ問題を複雑にしていたのは、日米修好通商条約締結という外交課題と同時進行していたことであった。

幕府が開国と攘夷に分裂している国論を統一しようと異例の条約勅許という政治方法で乗り切ろうとしたために、朝廷までも将軍後継人事に介入する余地が生じてしまった。

安政四年（一八五七）松平慶永は家斉の子、蜂須賀斉裕と連署で慶喜を推戴する建白書を幕府に提出するも失敗し、慶永と斉彬は最後の手段として朝廷に工作し、慶喜後継の内勅を得ることが出来たのである。

そんな折、慶喜の将軍就任支持者であった老中の阿部正弘が三十八歳の若さで病死した。死因はガンだといわれている。

前に老中を務めた佐倉藩主堀田正睦が再び老中に復帰して老中首座となった。

諸大名の多くは、朝廷に奏上して勅許を受けるよう答申した。堀田正睦も、より高い権威を借りて問題に対処しようという考えを持つようになり、朝廷に勅許を得ようとした。

だが、公卿たちの猛反対にあい、もう一度三家以下諸大名の意見を聞いて、改めて願い出よという天皇の意志が伝えられた。正睦の精力的な働きは実を結ばなかったのである。

安政五年四月二十三日、彦根藩主井伊直弼が大老職についた。四十四歳のときである。

前老中堀田正睦は将軍後継問題で紀州派とみられていたが、朝廷が慶喜を望んでいる空気を察して一橋派に寝返った。

だが、大老井伊直弼は、将軍後継は将軍に最も近い血統の人であるべきという意見の持ち主であった。

これは江戸城の溜間詰（有力家門と譜代の詰所）の諸大名たちのほぼ一致した意見であった。

将軍後継の決定する要素としては、第一に将軍の意見、第二に幕閣の意見、第三に大奥の意向で、将軍の生母や将軍御台所の意向、第四に有力普代大名や老中経験者によって構成される

溜間詰の意向であったが、大老と溜間詰の諸大名、そして紀州派の幕閣たち、大奥の女性たちで決定された。

安政五年、将軍後継問題は突然、直弼の大老就任によって解決した。五月一日に十三代将軍家定が大老・老中に向かって将軍家斉の孫にあたる慶福を後継とすることを告げた。しかし、条約問題があったのですぐには公表しなかった。

同じ年の六月十九日、日米修好通商条約が調印されたが、一橋派や攘夷派にとって、勅に違う違勅調印は直弼攻撃の恰好の材料となったのである。

六月二十五日、幕府は諸大名に登城を命じ、将軍の後継は慶福に決定し、十四代将軍は家茂となることを正式発表した。

その前日の二十四日、後継公表の延期などを迫るため、松平慶永はじめ一橋派の中心人物たちは押しかけ登城（御三家、親藩に定められた登城日以外の不規則登城）を行なったが、井伊大老はそれを厳しく断罪し、将軍の名のもとに重い処罰を下した。

尾張藩主慶勝と松平慶永は隠居・慎、徳川斉昭は慎、水戸藩主慶篤と一橋慶喜兄弟は登城禁止となった。その後、安政の大獄と呼ばれる弾圧で、井伊大老が攘夷派の公卿や諸大名、吉田松陰らを逮捕したり死罪にしたのは御存知の通りである。

七月六日、将軍後継者を慶福に指名した十三代将軍家定が、脚気衝心という病名で死亡した。享年三十五であった。

翌安政六年八月二十七日、慶喜に処罰が下り、「隠居・慎」となったが、処分の理由である不時登城をしていないので、慶喜には見せしめの刑の宣告と思われる。

二十三歳の若さで隠居となった慶喜は、一橋家を離れ、その間世間との交渉も断って完全な引き籠り生活を送ったといわれる。

安政五年ごろから井伊直弼の独裁政治、非情な弾圧の手段に反発する勢力の中で、井伊暗殺計画が進められたが、ついに万延元年（一八六〇）三月三日、実行の日がやってきた。水戸脱藩した浪人たちが井伊直弼を暗殺した。桜田門外の変である。

幕府が皇女を将軍の正夫人に迎えたいと考えたのは、安政五年（一八五八）ごろからで、井伊直弼はこの結婚を「禁中並公家諸法度」（元和元年（一六一五）に定められた天皇・上級公家が国政に参加できない制度）を厳重にして、朝廷統制しようとしていたが、井伊大老の後継者となったのは老中久世広周と安藤信睦の2人で、いわば連立政権であった。とくに安藤信睦によって、皇女の降嫁を実現させようとしたのは、公武一和すなわち公武合体の政策推進で、朝廷の権威を借りて幕府の権力を強化しようとする狙いがあった。

和宮と家茂は弘化三年（一八四六）生まれの同じ年で、２人の婚礼は公武一和政策実現の切札となったのである。

はじめ孝明天皇は妹宮の結婚に反対を表明していた。しかし、右近衛権少将で側近の岩倉具視は、この結婚を承諾するよう進言した。

幕府が大政委任の名義を有していても、政治の実権は朝廷にあることになると説得したのである。

万延元年（一八六〇）七月、朝廷は攘夷を実行させる好機と判断し、和宮降嫁の条件として、「今後七、八年ないし十年以内に条約破棄か戦争をして外国船を打ち払うか」と幕府に誓約させた。

実行できそうもない誓約を交わしたことが、後に大きな代償を払うことになるのである。

十月十八日に降嫁の勅許を得た十四代将軍家茂と和宮（内親王宣下により親子の名を賜わる）の婚儀は、文久二年（一八六二）二月十一日に行なわれた。２人とも数え年十七歳であった。

同年、四月二十五日、慶喜は四年近い隠居謹慎が解かれ、一橋家を再相続した。慶喜二十六歳であった。

ここに至って、政治の表舞台に躍り出たのである。

理由なき戦争　辿り着いた将軍の座

文久二年（一八六二）七月六日、慶喜は将軍後見職に就任した。この役職は安政五年（一八五八）八月八日に将軍家定の死亡が発表されたとき、慶福改め家茂が十三歳と幼なかったので、遺命に従って御三卿の田安慶頼が任じられたが、四年後の文久二年五月九日に家茂が十七歳で成人した為、将軍後見職を解かれた。慶喜はその後釜に座ったのである。

三日後の九日、謹慎を解かれた松平慶永も政治総裁職に就いた。これは大老に匹敵する重職である。

この人事を実現させたのは、薩摩藩の島津久光であった。

安政五年（一八五八）七月に藩主の斉彬が死去すると、弟久光の長男茂久が藩主となり、久光は茂久の後見役として藩の実権を握った。その上で公武合体の実現のために、幕府の人事に介入したのである。

久光は藩主でなく、無位無官の身分だったが、慶喜と慶永を幕府の重要な地位に起用することと、幕府に近い関白の九条尚忠を退けるように朝廷を説いて了解を得た。

久光の強硬な態度は薩摩藩兵千人を率いて京に上ってきた武力の裏付けがあり、それに朝廷の権威が加わったのである。久光はさらに公武合体を推進しようとして、勅使を江戸に派遣することを朝廷に進言した。

勅使には公卿の大原重徳が選ばれ、護衛には久光が藩兵八百人を率いて江戸に入った。

勅使一行に幕府は老中板倉勝静、脇坂安宅（播州龍野藩主）で対応したが、三カ条の勅旨が伝えられた。

①将軍が諸大名を率いて上洛、攘夷を行うこと
②沿海五大藩を五大老として国政参与すること
③慶喜を将軍後見職に、松平慶永を大老にすること

幕府は反対したが、久光に押し切られ、朝廷や薩摩藩に強制された結果、人事などが実現したのである。

島津久光が薩摩に帰った九月、薩摩、長州、土佐の三藩主の名で再び勅使を幕府に派遣し、攘夷の勅命を伝えて欲しいとの建議が出された。

今度は急進攘夷派の要求で、朝廷は若い急進派の公卿三条実美を勅使に任命し、土佐藩主に護衛を命じた。十月に勅使は江戸に到着したが、その直前に慶喜は、権中納言に任ぜられ、一橋刑部卿から一橋中納言となった。

攘夷勅使を迎えて、幕閣たちは混乱に陥り、慶喜や慶永は辞表を出したり引っ込めたりする有り様であった。

十二月になって、将軍家茂は天皇の攘夷の意志を奉承したとの答書を提出した。

これによって、将軍が京に上り、攘夷の方法について具体的に説明しなければならない羽目に陥ったのである。

文久二年から三年にかけて、京都では、急進的な尊王攘夷派の浪士たちによる「天誅」（天に代わって罪ある者を討つこと）と称したテロや暗殺が頻発していた。

彼らの怒りの対象は、安政の大獄や公武合体運動で幕府のために働いた者たちと和宮降嫁に関係した岩倉具視らの公卿たちなどであった。

これまで京都所司代が警護していたが、治安維持は困難と判断して、幕府は京都守護職の新設を決定した。

文久二年、会津藩主松平容保が任命され十二月に着任した。時に二十八歳の若さで、所司代を指揮し京都の治安維持の最高責任者となり、孝明天皇の信頼はきわめて厚かったといわれる。

その頃、将軍後見職の慶喜は供廻百数十人を伴い、江戸を発って京へと向かった。はじめての入京である。

文久三年（一八六三）三月に予定されている将軍家茂の上洛に備えて朝廷への根回しが任務であった。

慶喜の上京を機に西国の有力諸大名が続々京に入った。政局の中心は、江戸から京都に移ろうとしていたのである。

慶喜は上京にあたって慶永に相談していた。「京の形勢が容易ではないので拙者が二万ばかりの兵を率いて大坂に上り、京を守護し、海岸を防禦したい」と申し出たが、慶永はよい返事をしなかったという。慶喜は尊王攘夷派の牙城となっている京を武力制圧することを考えていたのである。

一方朝廷では、急進的な攘夷派の息がかかった国事御用掛が新しく設けられ、ここで朝議が行なわれるようになった。

国事御用掛は関白を動かして幕府の攘夷期日を決定せしめようとし、慶喜らを詰問した。「将軍の京に滞在予定十日、江戸に帰って二十日たって攘夷を実行する。従って大体四月中旬には攘夷が実施となるであろう」と答えざるを得なくなった。

こうした状況のなかで、将軍家茂が上洛した。

老中2人が随行し総勢三千人で江戸を出発した一行は、文久三年三月四日京都入りしたのである。

将軍の上洛は三代将軍家光の寛永十一年（一六三四）以来だから二二九年ぶりであった。

翌五日、家茂の名代として慶喜が御所に参内した。政務委任について、征夷大将軍はこれまで通り委任するとの勅命があったが、翌々日に家茂が参内すると、政治問題で事柄によっては直接諸藩に指令することもあると、朝廷の変更方針が伝えられた。

幕府の公武合体派と朝廷の攘夷派のせめぎ合いの結果、攘夷派は将軍が上洛したのを好機と捉えて幕府を責め立て、攘夷の期日を決めなければ、将軍を江戸に帰さないと強硬に迫った。

公武合体派は勢力の回復策を諮ろうと、島津久光を中心に慶喜、慶永、山内容堂、伊達宗城（宇和島藩主）らが会合を開いたが、話がまとまらず、回復不可能とみて、藩主たちは地元に帰った。なかでも政事総裁職の慶永は辞表を提出して無断で福井に帰ってしまったのである。

慶永に代わって政事総裁職に就任したのは、前橋藩主松平直克であった。二十一歳の若き藩主である。

直克は久留米藩主有馬頼徳の五男で幼名富之丞といい、直克に改名したもので、水戸藩主斉昭の八男直侯が川越藩主となったが、二十三歳の若さで早世したため、直克が養子となって川越藩十七万石を継いだのである。（後に前橋に移り城主になる）

前橋藩主　松平　直克
（前橋市立図書館所蔵）

直克が幕政に参画した最初の役職が、文久三年（一八六三）の将軍家茂上洛中の江戸城留守役で、江戸警衛の任も兼ねていた。この時、従四位下、侍従、大和守に任ぜられた。

将軍上洛後の江戸の留守を預かる直克らの幕閣は、京都の事の成り行きを切歯扼腕の思いで見守っていたが、攘夷派がどんなに騒いでも幕府のほうが武力は優位にあるので収拾できると思っていた。しかし文久三年三月から四月にかけて、在京の幕閣は攘夷の嵐に押しまくられていた。再三再四、攘夷開始の期日を明確に答えるように要求され、追い詰められた幕府はついに文久三年五月十日を攘夷期日にすると朝廷に回答し、将軍はようやく江戸に帰ることができた。

幕府は期日の布告に当り、諸大名には、日本から外国の軍艦に戦闘を仕掛けることをやめるよう釘を刺していた。

だが、攘夷開始の期日決定が、やがて幕府と薩長を中心とした倒幕派の全面戦争勃発の端緒となったのである。

文久三年（一八六三）五月十日、アメリカ商船が横浜から上海に向かう途中で下関海峡を通過しようとしていたが、強い波風を避けようと国東半島側の沖に錨を下ろし待機していた。

この船を発見した長州藩の軍艦二隻が夜に襲撃し、次に十二日後、フランス軍艦が長州藩の

砲台から砲撃を受けた。

五月下旬、オランダ軍艦が長崎から横浜に向け下関海峡を通ったところ、長州藩の砲台や軍艦二隻から猛砲火を浴び、這這の体で逃がれた。

この行為はすぐさま朝廷と幕府に報告されたが、朝廷は「天皇は非常に満足している、諸藩も長州藩を応援すべし」との命を出した。一方の幕府は長州藩を詰問し、外国船にみだりに発砲しないようにと念を押した。

朝廷は褒め、幕府は責める、真逆の対応であったが、長州藩にすれば、幕府の攘夷命令に従い、しかも攘夷開始の期日も守り、外国船を攻撃して、何の手落ちがあるのかという言い分があった。

しかし、アメリカ、フランス両国からすぐさま強烈な報復を受けたのである。横浜から来航したアメリカ軍艦は下関沖で長州藩の軍艦二隻を撃沈、一隻を大破した。

続いてフランス軍艦二隻が数ある砲台に砲火の雨を降らせ、更に陸戦隊が上陸して砲台を占領した。

たった三隻の軍艦で、完膚無きまでに敗北したのである。それだけではなかった。長州藩の攘夷の実行にも多くの藩は傍観するだけで、支持は得られなかった。

この状況に危機感を覚えた長州藩は朝廷を動かし、攘夷に協力しなかった豊前小倉藩を処分すべしと訴えた。

朝廷は小倉藩主の官位を剥奪し、所領十五万石は没収し、改めて三万石を与える処分案を内定するなど、長州藩の主張は急進的な攘夷派の公家の支持を受けていたのである。長州が米仏軍艦の砲撃を受けた後、七月には薩英戦争が勃発した。戦争の原因は文久二年の生麦事件である。

島津久光の行列が神奈川宿の生麦村に差しかかった際、イギリス人４人が騎馬のまま行列の前を通過したのを怒った供の侍が殺傷した事件で、賠償金をめぐって対立が長引いていたが、文久三年（一八六三）七月、薩摩でイギリス軍が薩摩藩の汽船三隻を捕獲したのをきっかけに戦闘が開始された。

双方とも大きな被害を受け休戦となったが、薩英講和の交渉が江戸で行なわれ、十万ドルを幕府から借用してイギリスに支払うことで解決した。

京都では、尊王攘夷派が天誅で威嚇し、公武合体派を震え上がらせ朝廷への威圧や無理強いが罷り通っていた。長州藩の京における武力を背景に、急進攘夷派の長州藩士らから攘夷親征の実行が関白などの廷臣に上申された。

多くの反対論を押し切って攘夷親征（天皇自らの征伐）の詔《みことのり》が下されると、政局は一気に激変する。

昨日の敵は今日の友という例えがあるが、朝廷を牛耳る長州藩を追放するため、薩摩藩が手を組もうと会津藩に働きかけてきたのである。会津藩の兵力も頼りであった。

犬猿の仲変じて薩・会二藩が協力し、長州藩を京から追放し、過激な急進的な公家を失脚させる政変を起こしたのだ。

計画は天皇の信頼厚い中川宮を中心に前関白近衛忠熙父子、右大臣二条斉敬ら公武合体派の公卿によって進められ、武力行動は会津藩と薩摩藩が共同であたった。御所の九門を固め、公武合体派以外を入れず、尊王攘夷派を排除した。

こうした状況のなかで、朝議が開かれ、尊王攘夷急進派の公卿の参内停止、攘夷親征のための行幸の延期、国事参政、国事寄人の廃止、長州藩の堺町門警衛免除（薩摩藩が代わる）などが決定し、勅命が下った。

これによって、三条実美ら七卿、長州藩兵らは京都を去り、長州へと向った。この結果に孝明天皇はいたく満足だったという。

長州藩兵と攘夷急進派の公家らが京都から去ると、公武合体派の天下が到来した。

文久三年九月以降、島津久光、伊達宗城、山内容堂、松平慶永の有力大名が入京したが、中でも久光は小銃隊と大砲隊の軍隊を従え入京したのが注目を浴びた。

遅れて十一月に江戸に帰っていた慶喜も入京したが、５人は朝政に参加する参豫に任命された。久光は参豫に就任するのにあたり、無位無官だったので叙任が行なわれ、従四位下左近衛権少将となった。

このような情勢を知った将軍家茂は、公武合体体制をさらに確固たるものにしようと、海路で京都入りした。

元治元年（一八六四）正月、家茂に随行したのが、前橋藩主で政治総裁職の松平直克である。五月に朝廷に参内した時、従四位上に叙され少将に任ぜられた。同時に横浜鎖港用向重立取扱に水戸藩主慶篤と共に任務遂行することになった。

参豫会議では、対外の横浜鎖港問題と国内の長州藩対策問題が大きな政治課題で議論が続いていた。松平直克は、開港は長崎と箱館の二港にし、横浜の海外交易を中断することが、危機に直面している幕府を守る最善の方策である、と確信していた。

直克は意見書を提出したが、その内容は「横浜鎖港の目的は、江戸に近接する横浜での外国交易を中止すれば、高騰を続ける物価は下落し、天狗党が主張する攘夷の名分も消え去り、関

東周辺の不隠な状況は終わりを告げる」というものであった。

天狗党とは水戸藩の尊王攘夷過激派で、尊王攘夷を決行しようと筑波山に兵を挙げた事件で知られる。倒幕の意志はなく、挙兵という手段をとったら幕府はもう一度鎖国攘夷を決意するだろうと考えた集団だった。

この水戸天狗党の乱を抱えた慶篤は、横浜鎖国より天狗党の討伐を優先すべきであると主張し、同調した老中らの幕閣にも反対され直克は職を罷免された。

さらに追い討ちをかけるように江戸城登城も禁止されたのである。参豫会議では、幕府と有力諸大名の間には大きな溝が生まれ、会議は分裂した。

強硬な攘夷論者である孝明天皇は、攘夷を督促する朝廷の意向を参豫会議に伝えていたので、慶喜は天皇の意向に沿うため、貿易を長崎、箱館二港に限り、横浜鎖港を遂行することを主張した。これに対し島津久光、伊達宗城、松平慶永らは反対し、開国論を唱えたのである。

ここにきて、幕府が逆に鎖港を唱え、有力諸大名たちが開国を主張する展開となったが、これは幕府の貿易利益の独占に反対し、自分の藩も利益を得る権利があると考え始めたからである。

国内問題の長州藩に対する対策意見も、慶喜は長州藩主父子に隠居を命じ、応じない時は征

討すべしと主張した。

久光や宗城は征討軍を派遣して、藩主父子を大坂に召致すべしと主張するなど意見の食い違いは収拾がつかなくなり、参豫会議は空中分解し、全員辞任してしまった。

元治元年、慶喜は将軍後見職を辞任し、五月に将軍家茂が江戸に帰ると、朝廷から禁裏御守衛総督に任命された。禁裏とは御所のことで、御所警備の責任者に就任した他、大坂湾に外国軍艦が侵入するのを防衛する摂海防禦指揮も兼任した。そして京都守護職の松平容保、京都所司代の容保の実弟松平定敬（桑名藩主）が京都に残り、俗に一会桑（一橋、会津、桑名）政権と呼ばれて、京都の政界の主役に躍り出た。

こうした情勢の中で、京都から追放された長州藩を中心とする尊王攘夷派は、京都での復活を目指し進出の機会をうかがっていた。過激な行動を計画し旅館の池田屋に集合した尊王攘夷派を新撰組が襲撃した。多くが殺害されたり捕えられ、新撰組の名を一躍有名にした事件である。

これに熱り立った長州藩の三人の家老は軍隊を率いて上京し、会津、桑名、薩摩藩兵と衝突して戦闘がくり広げられた。

御所の九門のひとつ蛤御門周辺が最も激しい戦いだったため、蛤御門の変と呼ばれるように

なったのである。

この時の戦いが、禁裏御守衛総督の慶喜の初陣となった。五騎ほどの供廻といち早く御所に駆けつけ、御所の門を守ったが、慶喜のこれが最初で最後の戦争となった。

禁門の変に対して幕府は長州の制裁を検討したが、元治元年に幕府は長州藩に使者を送り、罪状を糾し、長州が承服しなければ武力行使を九州諸藩に命じるという方針を決め、長州藩に対する周旋を館林、福岡、熊本の三藩に命じた。館林藩が選ばれたのは理由があった。

館林藩六万石の藩主秋元志朝は徳山藩毛利家の出身で、長州藩毛利家の分家だったからである。

藩主志朝の長州征伐回避の命をうけ、藩士の岡谷繁実は公武合体派の公家三条実愛と約して長州へと向った。岡谷はこう説得したといわれる。「徳山藩から長州藩に使者を派遣して、幕府と敵対しては長州藩のためにならない」と進言。「早々と参勤して謝罪するように周旋すれば実家に孝道も立ち、戦争回避されれば幕府に対して忠節となる」。だが、説得は不発に終わった。

秋元　志朝
（館林市教育委員会所蔵）

『秋元志朝国事尽力始末』によれば、将軍家茂が元治元年正月に上洛した際、志朝は供奉を名目に上京したが、帯同した岡谷に命じて長州征討の不可を朝廷に密奏したという。

幕府は、志朝が長州藩に説得され長州藩の意を密奏し、征討の勅を挽回しようとしているとの疑惑を持った、というのだ。後に幕府は志朝が長州藩へ内通したとの疑惑を持ち、藩主の引退を求め、志朝は隠居を命じられた。藩士の岡谷繁実は禁固追放処分となった。

元治元年七月朝議があり、長州藩追討が決定し、禁裏御守衛総督一橋慶喜に伝えられた。

幕府は西日本の二十一藩（中国、四国、九州）に出兵準備するよう命令を下し、さらに将軍家茂自ら出陣して長州征討にあたることを明らかにした。

作戦を指揮する総督には、はじめ紀州藩主徳川茂承だったが、のちに代わって前尾張藩主徳川慶勝が任命され、副将には越前藩主松平茂昭が就任した。

十月には大坂城で軍議が開かれ、十一月十八日を総攻撃開始日と決定した。

いわゆる第一次長州征伐が開始され、総督慶勝が広島に出陣し、副将茂昭は小倉に陣を張った。

出兵令が出され、総勢十五万と称する軍勢が長州と周防の海と陸をぐるりと包囲したのである。

幕府軍が戦争態勢に入る前の八月、英仏蘭米四カ国の連合艦隊が下関に襲来した。

文久三年（一八六三）の攘夷決行日になされた外国船砲撃の報復である。イギリス軍艦九隻、オランダ軍艦三隻、フランス軍艦三隻、アメリカ仮装艦一隻などの十七隻が一斉に攻撃を開始し、四日間で砲台が破壊し尽された。長州は攘夷に協力しない対岸の九州小倉藩領も占領していたので、下関と小倉両方から攻撃すれば外国船の航行は不可能だったが、その障害が一気に取り除かれたのである。

停戦は高杉晋作が全権となって下関協約を結んだ。成立した和議は下関の自由貿易化を意味したが、幕府は協約は長州藩の独断行為と否認する一方、四カ国の賠償金請求額三百万ドルを全額払うことを確約した。四カ国側は、長州藩の外国船攻撃は朝廷と幕府の命によって行なわれたと主張し、長州藩のために幕府は莫大な出費を止むなくされたのである。

四カ国連合艦隊の攻撃で大きな痛手を負った長州藩には、幕府と戦う余力はもはや残っていなかった。

藩内は幕府和平派と、倒幕派の対立抗争が激化したが幕府和平派が勝利し、長州征討軍に降伏しようとした。戦争の収拾に大きな役割を果したのは西郷隆盛であった。

征長総督参謀という地位で、三家老に禁門の変の責任をとって切腹を命じさせ、関与した三

条実美ら5人の公卿を他藩に移転させるなど処罰を行ない、長州藩主父子の伏罪書を提出させる決定もした。

総督は総攻撃延期を通告し、解兵の令が発せられた。一戦も交えない休戦が実現したのである。

戦後、幕府は弱体化した体制の強化に取組んだ。

文久二年に尊王攘夷派の圧力によって一度緩めた参勤交代制を元に戻し（一年毎に往復）諸大名に厳守するよう指令を出し、長い間空席だった大老職に姫路藩主酒井忠績を就任させた。一方長州では、古い尊王攘夷からの脱皮をはかり、新しい指導者を抜擢した。大村益次郎、桂小五郎、伊藤俊輔（博文）らである。

幕府の首脳たちは、長州藩への生温い処罰に不満を抱いていたが、徹底的に叩き潰せば幕威伸長の機会になると、将軍親征による第二次長州征伐に踏み切り、諸大名を幕命に従わせようとした。

再征の理由は「長州藩において、容易ならざる企てがある」という莫然としたものである。

将軍家茂は江戸を出発するとき、家康が関ヶ原に出陣した時に倣って錦の陣羽織を着て、金扇と銀三日月の馬標を立てて乗馬姿で進軍したという。

慶応元年閏五月に家茂は御所に参内し、天皇に長州征伐の理由をこう述べている。「長州が一度服罪したのに、その後激徒が再発に及んで、それのみならず外国へ渡って、大砲、小銃などを仕入れ、その上密貿易の疑いもある」

確固たる調拠もない噂話の類いを申し述べる程度であった。その後、幕府によって予期せぬ事態が起ったのである。

九月に英、仏、蘭、米の軍艦九隻が兵庫沖に来航し、安政通商条約の勅許と兵庫港の開港を要求した。力尽で解決しようという手段に出たのだ。

攘夷主義者の孝明天皇でさえ、将軍家茂に「無謀な攘夷などやりたくない」と本心を吐露し、長州藩の攘夷を無謀と断罪する姿勢に変わったように、幕府も討幕派も攘夷は建前にすぎなくなっていた。

一橋慶喜は勅許を得ないで兵庫開港すれば、攘夷派の反対を押えられないと猛反対し、老中阿部正外、松前崇弘が勅許もなしに兵庫を開港しようとしていると、朝廷に注進した。これを信じた朝廷は2人の老中を辞めさせ、国元で謹慎すべしとの命令を出した。

朝廷が幕府の役人を辞めさせようと命令したのは初めてだった。幕府の人事に介入した朝廷に面目丸潰れの将軍家茂は辞表を出したが、慶喜が思い止ませる事態にまでなった。

こうしたごたごたを乗り越え、十月に孝明天皇は安政通商条約を勅許、兵庫開港は不許可という勅定を発したのである。一難去ったが、まだ一難が残っていた。

長州征伐である。幕府の思惑では、第一次長州征伐は将軍が出陣しなくても屈伏したので、今回将軍が大坂まで出陣すれば簡単に服従するだろうと考えていた。だが、長州藩の分家である徳山藩主らに大坂城の本陣に出頭するよう命じても、従う気配はなかった。

再征の理由が貧弱なのを見くびられていたのである。

翌慶応二年一月二十二日、長州征討の勅定が下った。第二次長州征伐である。

征長先鋒総督は前尾張藩主徳川茂徳で、すぐに紀州藩主徳川茂承に交代した。開戦が決定したものの、幕府内から反対の声が次々と挙がった。前総督の徳川慶勝は再征の名義が明らかでないとし、慎重な討議が必要だと訴えた。

この他多くの藩が反対を表明している。最大の理由は莫大な軍費がかかることで、次に幕府権力が強固になり、統制強化を怖れたからである。

尾張、越前、紀州、備前（岡山）、因州（鳥取）、芸州（広島）、阿波、肥後（熊本）、筑前（福岡）などが反対した。

薩摩藩も前回は出兵したが、一転して反対に回ったのである。

この戦いには、納得できる開戦理由がないという口実で出兵を拒否した。安芸（広島）藩も後に続いた。諸大名が反対した裏には、こんな話がある。

老中が勝海舟（閑職にあり、軍艦奉行に任命された）を呼び出し、フランスから軍艦、資金を借り長州を征伐し、さらに薩摩を討った後、諸大名の権力を削り取り、郡県制度をたてて幕府が中心となり統一政権を樹立するとの秘策を打ち明けた。

実はこの考えは勘定奉行の小栗上野介のもので、諸侯を説得して郡県制にした後、幕府が統一政権担当者となる構想である。長州征伐の開戦直前に、勝はこの構想を諸大名に話していたといわれる。戦いに勝っても領地が郡県制度になった上、権力も縮少されるとしたら、戦意を喪失するのは当然である。

これを裏付けるように、戦地の様子を探りに行った新撰組隊長の近藤勇は会津藩に、「幕府軍の士気は少しも上らず、故郷に帰ることばかりを待ちわびている」と報告している。

幕府の長州藩処分案が勅許を得ると、老中小笠原長行が長州藩領十万石の削減、藩主の隠居を命ずる処分を長州藩に伝達するため広島に赴いたが、長州藩が受入れるはずもなく、幕府も引くに引けなくなった。

幕府軍は長州藩包囲網を完成させ、四方八方から進撃しようとした。

慶応二年（一八六六）六月七日、幕府軍艦が長州藩内の大島郡を砲撃したところから、第二次長州征伐の戦いが始まった。

幕府軍は広島、島根、四国、九州から攻め込もうとしたが、領内に入ることすら出来なかった。

長州の圧倒的勝利となったのである。

この背景にあったのが、薩摩藩と長州藩の密約だった。これが世にいう薩長同盟で、幕府対長州の戦争を想定し薩摩と長州が協力する具体的行動を定めたもので、提携関係が成立したものであった。

慶応二年一月二十一日、薩長同盟が結ばれた翌日に長州征伐の勅定が下ったのである。

この密約が長州に勝利をもたらしたといっても過言ではない。薩摩藩の出兵拒否を実現し、薩摩藩の名義で長州藩がグラバーから大量の最新武器を入手できたからである。ミニエー銃（ライフル銃）四三〇〇挺、ゲベール銃（オランダ歩兵銃のこと）三千挺の計七三〇〇挺を買ったのだ。

対する幕府軍兵の大多数は、陣羽織、鎧、兜に身を固め、刀、槍、古い火縄銃で立ち向ったので、敵うはずもなかった。幕府軍が連戦連敗しているとき、七月二十日、将軍家茂が、大坂

城で病死した。死因は脚気衝心で享年二十一歳であった。幕府にとっては二重の痛手となったのである。

家茂は江戸城を出発する時、田安慶頼の子亀之助を後継に指名していた。

家茂の意思や大奥の実力者である天璋院篤姫の支持する田安亀之助が、次期将軍の最有力といわれていたのである。だが、致命的だったのは年齢で、わずか四歳だった。存亡の機にある幕府を背負うことなど無理である。

そこで慶喜に御鉢が回ってきた。老中や容保、定敬らが将軍職を受けるよう懇願したが、慶喜は表面上はあくまで固辞したのである。

慶喜は天皇が将軍職の勅旨を下さざるを得ない事態に誘導しようという狙いと、将軍になった自分を支持する勢力がどれほどいるのか、見極めようとしていたのだ。

結局、将軍職への就任を保留し、慶喜は徳川宗家の家督相続だけを承知し、家茂死去から九日後の七月二十九日に勅許が下りた。徳川慶喜の誕生である。

禁裏御守衛総督、摂海防禦指揮職は辞表を出し、公的役職を失なったが、この前日に将軍家茂の死去を秘したまま、名代として慶喜が長州に出陣することを上奏し、勅許を得ていた。

慶喜は自ら出陣し、陣頭指揮を執って不利な戦局を挽回して長州藩との戦争に決着をつけよ

うという決意があったのである。長州征伐の出陣に際し、あくまで武力で屈伏させる強硬な態度を示して「大討込」と称した。

慶喜は旗本一同を集めて、「毛利藩主父子は主君と父の仇である。自分が出馬する以上は、たとえ一騎となっても山口城まで攻め入り勝負を決する覚悟である」と鼓舞した。

だが、いざ出陣という時になって、戦況が急変する。九州小倉口で、老中小笠原長行が指揮して戦っていたが、長州藩の高杉晋作らの率いる奇兵隊が海を渡って攻め込み、激戦を繰り広げている最中、老中小笠原長行は船で長崎に逃亡したのである。九州の諸藩兵は総崩れとなり若き城主は自ら火を放ち、小倉城は焼失した。

将軍家茂が病死した事を知った小笠原長行は、征長軍を解散させ、諸藩が集まった軍勢は帰国の途についた。

老中小笠原が逃亡してから十日余りのち、慶喜は小倉落城の事実を知ると、態度を豹変。出陣中止を決意する。

そして、長州征伐の中止ではなく、将軍の喪中を理由にしばし休戦する方針を朝廷に奏上した。

続いて、軍艦奉行勝海舟を広島に派遣して、長州藩との休戦交渉に当らせた。

勝は厳島で長州藩の代表と会見し、幕府軍が撤退するとき長州藩兵が追撃しない事などで合意し、幕府と長州藩の間で休戦協定が結ばれたのは、九月二日のことであった。こうした慶喜のやり方に非難と反発が広がった。

「今は親藩の中にも、慶喜と肝胆相照す者1人もなかりしなり」といわれ、孤立を深めていた。

この状況で、慶喜が将軍職を継いだのは、慶応二年（一八六六）十二月五日である。数えで三十歳だった。

征夷大将軍、正二位、権大納言兼右近衛大将源氏ノ氏ノ長者、両院の別当に任ぜられた。

慶喜は第二次長州征伐の失敗後、幕府の体制強化を図るためさまざまな幕政の改革に取り掛かった。

慶応三年（一八六七）五月、老中制の再編を行ない、「五局体制」と呼ばれる老中の専任制を導入した。

6名の老中を外国事務総裁、会計事務総裁、国内事務総裁、陸軍総裁、海軍総裁に任じ、これらを統括する老中首座を置いた。さらに若年寄の職掌も老中を補佐する役目とし、有能な人材を家格に囚われることなく、能力

将軍時代の徳川慶喜
（松戸市戸定歴史館所蔵）

本位で登用することとした。

税制も従来の年貢を中心としたものから、固定資産税や営業税、酒税はじめ様々な商品に税をかける物品税導入を検討した。そして、フランスの助言と協力によって、幕府陸軍の再編、強化にも手を着けた。

しかし、これら慶応の改革と呼ばれる数々の政策を実現させるには遅きに失し、大政奉還によって一気に暗礁に乗り上げてしまった。将軍職の辞職願を受理する勅許が下ったのが、慶応三年十二月十日だったので、わずか一年という最も短い在職の十五代将軍は徳川幕府最後の将軍ともなった。

短命の原因のひとつに、孝明天皇の急死がある。

慶応二年十二月二十五日、三十六歳で崩御したが、死因は疱瘡と発表された。

天皇の急死によって、天皇と慶喜の阿吽の呼吸で維持されてきた公武合体の政治路線の終末を迎えたが、慶応三年、大政奉還という形で、幕府は消滅し、王政復古の大号令で、息の根を止められたのである。

幕府崩壊への道

泰平のねむりをさます正（上）喜撰　たった四はいで　夜もねられず

歴史の教科書や歴史の本に載っている風刺の狂歌である。

上喜撰とは上質の茶の銘柄のことで、これを四杯も飲むと興奮してよく眠れないと茶化したものである。

正喜撰は蒸気船にかけ、ペリーが率いるたった四隻のアメリカ軍艦の来航で上を下への大騒ぎとなり、日本を大きく揺さ振った。

教科書では、黒船来航とも記されているが、黒船は蒸気船と誤解されていた。四隻の軍艦のうち、サスクエハナとミシシッピは蒸気船だったが、プリマスとサラトガは帆船であった。当時の船の多くは、防水のため黒色のピッチを塗っていたのだ。幕末の動乱の歴史が、ペリー艦隊の来航から始まったとする学者も少なくない。

嘉永六年（一八五三）のペリー来航から慶応三年（一八六七）の王政復古の大号令までの僅か十五年に焦点をあてた幕末史である。

明治二年（一八六九）五月、箱館戦争が終結し、新政府軍は、この時国内統一をなし遂げたが、まず手を付けたのは歴史の史料収集であった。

新政府が正しい事をなし遂げたことを証明するために、初の官撰維新史である『復古記』を足かけ十七年かけて完成した。新政府が「正史」としてまとめた『復古記』は学校教育を通じて定着し、旧き悪しき江戸時代、輝かしく未来ある明治時代を教えたのである。さらに、宮内省は歴史史談会を作り、明治二十一年にペリー来航の嘉永六年から廃藩置県までの国事に関する始末を調査した。

明治四十三年（一九一〇）には、文部省維新史料編纂会によってまとめられた『大日本維新史料』などは、日本近代史の基礎となり、義務教育で使われる教科書の基になっている。

これらに関わった薩長の人物が作った勝者の歴史、すなわち薩長史観だったので、旧体制の徳川幕府は否定されて当然だった。

冒頭の泰平のねむりとは日本の鎖国状態を指す。

日本の鎖国は新政府の誕生まで続いたのであろうか。鎖国令は寛永十年（一六三三）、キリスト教禁止を名目に外国人の渡来、貿易と日本人の海外渡航を禁じたもので、同時に海外に五年以上居住した日本人の帰国も禁止した。

かつて家康の治政下まで、御朱印船が台湾、ルソン（フィリピン）、マラッカ（マレーシア）、シャム（タイ）まで航海し、日本人町まで出来たが、「武家諸法度」で五百石以上の船の保有

を禁止し、「海外渡航禁止令」によって奉書船以外の渡航を禁止し海外進出の道を閉ざした。

幕府は、まずスペインとの国交断絶し、寛永十五年（一六三八）島原の乱を鎮圧した翌年、海外からの物資をオランダが一括輸入することになり、ポルトガル船来航禁止令を出した。

寛永十八年（一六四一）にオランダ商館が長崎出島に移された。ここが鎖国時代の唯一の対外窓口と教科書等で教えられてきたが、実は窓口は四つあり、長崎口のオランダの他に、対馬口の朝鮮、薩摩口の琉球（中国）、蝦夷口のロシアと交易していたのである。

鎖国とは、貿易管理のことであり、貿易の幕府管理を意味したが、薩摩藩、対馬藩、松前藩は幕府の目を盗んで「抜け荷」（密貿易）を公然と行なっていた。

また、十八世紀末から十九世紀初期にかけて、アメリカ商船がオランダ国旗を掲げて出島で十数回にわたり交易していた事実がある。

幕府が外国船渡来に神経を尖らせるようになったのは、十八世紀後半の寛政年間からである。

幕府は外国船が渡来したら穏便な処置をとるよう指定したが、その頃はまだ海上交通の主役は帆船であった。

しかし、文化四年（一八〇七）、アメリカのロバート・フルトンがニューヨークのハドソン川で、ジェームス・ワットの発明した蒸気機関で動く汽船の試運航を行ない成功させた。

速度は一時間に五マイル（時速八キロ）だった。

この蒸気船の出現によって、新しい海上交通の時代が始まったのである。速度をはじめ航行距離も伸び、船の大型化も可能になって、新しいアジアへの航路が開発された。

一七六〇年代のイギリスに始まった産業革命が欧米各国に広がり、工業製品の市場拡大のために、アジアの航路が必要となったのである。

一八一〇年代から汽船がアメリカやイギリスで早くも実用化され、使用されている。その汽船の威力は、インドやバタビア（インドネシア）、ベトナムを植民地化し、アヘン戦争後香港の割譲も実現した。アジア征服の最後に狙いをつけられたのが日本であった。

文政年間（一八一八〜）イギリス船が来航し貿易を要求するようになった。これに対抗して、幕府は沿海諸大名に外国船の接近に対し、撃退を命ずる文政の「異国船打払令」を出した。

しかし、この法律に御構い無く、イギリス、アメリカ、フランス、オランダ、そしてロシアの軍艦や商船が日本各地の港に来航し、通商や開港を迫った。外国の圧力に屈し、各国と結んだ条約は、尊王攘夷主義者にとって天皇の勅許を得ないで条約を結んだことが違勅調印であり、許されない事と憤激したのである。

そして、彼らの怒りは幕府は頼りにならないという考えから、やがて幕府の存在も否定する

倒幕運動へと変わっていった。

天保十一年（一八四〇）に始まったアヘン戦争で清がイギリスに敗れると、攘夷運動が一段と高まり、さらに安政五年（一八五八）コレラが大流行した。長崎に上陸したコレラは東海道を東下し、江戸に達したのだ。

コレラはインドの風土病といわれ、日本では文政五年（一八二二）に流行して以来で、コロリ、コロリと死ぬので、コロリ病とも呼ばれ、恐れられた。

攘夷論者は外国船に港を開いたからコレラが入ってきたと考え、幕府の外交政策を非難したのである。

幕末の政治を大きく揺さ振った尊王攘夷。

尊王も攘夷も中国から伝わった言葉である。

尊王は儒学の朱子学で大義名分を明らかにし、上下関係を守る上に成り立ち、封建的な上下関係を強固にする秩序維持と説いた。中国の司馬遷の歴史書『史記』の「方今尊王之資世」から尊王の言葉が生まれた。

攘夷は中国の周の時代の詩集『詩経』から出た言葉である。

尊王攘夷という言葉は、水戸藩士藤田東湖によって作られたものだという。尊王攘夷主義者

は長州藩と水戸藩に圧倒的に多く、薩摩藩と土佐藩がそれに続いた。

外国人は夷狄（野蛮な異民族）であり、獣に等しく礼儀も知らない卑しい人間と理解していたが、外国人勢力の恐るべきことを知っており、強気な態度をとり続けて虚勢を張っていたのである。

天保四年（一八三三）慶喜の父である水戸藩主徳川斉昭が将軍家斉に意見書を出している。「夷狄は邪宗門（キリスト教）を広めて人の心をたぶらかし、交易を行なって日本の富を掠め、人民を疲弊させ、最後は兵威をもって国を奪うものである。従って近頃しきりに渡来する外国船はただちに打ち払う」

これが攘夷主義者の主張であった。

だが、彼らの一部が外国人殺傷事件を各地で引き起したり、攘夷が最高潮に達し、京都で天誅の名のもとに暗殺が相次いだ文久三年（一八六三）には、すでに各国との条約は結ばれており、本来の意義を失なっていたのである。

弘化三年（一八四六）朝廷から幕府に勅諭が出された。

「最近、外国船がしきりに近海に出没する由であるが、よく謀をめぐらし神州の瑕瑾（きず）とならぬよう、部下を指揮し、天皇の心を安んじるように」という内容だった。

朝廷が政治的発言を行なった極めて異例のことである。

遡って元和元年（一六一五）「禁中並公家諸法度」が定められた。この法律によって天皇、上級公家の国政への参加が禁止されたのである。天皇の言動は「天子諸芸能のこと第一御学問なり」と決められ政治から遠ざけられてきたのだ。

それが外交問題を契機に朝廷が政治の舞台に登場するようになり、幕府崩壊の大きな要因のひとつとなった。

文久二〜三年、幕府崩壊の端境期を迎えた。

文久二年十一月、将軍自ら国是として朝廷に攘夷を約束させられる、孝明天皇の勅定（天皇が親しく定めること）を伝える勅使の「勅旨伝達の儀式」が行なわれた。

この時に旧来の慣例を覆す事態が起こったのである。六月に勅使大原重徳が「白書院上段に於いて（将軍）家茂と対座にて勅旨を伝宣す」として、前代未聞のことが現実となった。

「今度、江戸城大広間での対面、（公家の）三条、姉小路は上段着座、公方様（将軍）は御中段上より一畳目に御留座」

明らかに地位が逆転したのである。

文久三年、将軍家茂が三代将軍家光以来、二百数年ぶりに上洛した際、摂関（摂政・関白）

家に許される「牛車宣旨」（牛車に乗ったまま建礼門まで入ることが許される）が許されず、御所の間における将軍の席次も関白、三大臣（太政大臣、左大臣、右大臣）より下の間に設けられた。

これは幕府の権威が衰え、朝廷の地位が高くなったことを示し、将軍の臣下である諸大名に服従する意義を失なわせたのである。

朝廷の公家たちを金銭から衣食住にわたって絞めつけたのが「禁中並公家諸法度」なら、大名から武士までがんじがらめに縛りつけたのが「武家諸法度」である。

慶長十六年（一六一一）に定められた祖法で、城の建築から船の建造など戦力増大につながるものを制限した他、最も自由を奪ったのが参勤交代制度であった。

大名は江戸に妻子を人質にとられ、一年おきに江戸と国許を行き来することが義務づけられていた。

しかも参勤交代には莫大な費用がかかるので、諸大名にとって重い負担となっていたのである。

この制度が維持できたおかげで二百年以上幕府の統治は安泰だった。しかし文久二年に参勤交代制度が崩れたのである。外国船の来航による海の防衛や長州藩を中心とした武力抗争によ

り軍事費の増大に諸大名が音をあげた。

高まる諸大名の抗議に加えて尊王攘夷派の圧力によって参勤交代を大幅に緩和し、一年ごとに国元と江戸を往復していたのを三年に一度と改め、百日間の江戸滞在に短縮した。

元治元年になると、文久二年に緩めた参勤交代を元に戻す復旧令を出し、引き締めを諮ったが、一度緩めた手綱は元には戻らなかった。

諸大名は様々な口実を並べて命令に従わなくなったのである。この弱腰な姿勢で諸大名を力で押さえ込むことが出来ないばかりか、かえって弱体化を天下に曝け出すことになった。

更にもうひとつの問題は幕府の運営にあった。

長年原則として幕府の要職は譜代大名（三河以来の徳川家臣）と旗本が担任してきたが、任命される役職には厳密な資格が要求された。政務全般を取り仕切る老中職は十万石以下二万五千石以上の譜代大名に限定され、定員4～6名である。

これにあてはまる譜代大名は一三〇家中六十五家に限られた。

大老職は非常の際、臨時に任命されるが、十万石以上の譜代大名しか資格がなく、十万石以上の大大名は五十三家あるうち、外様が二十六家なので二十七家が該当するのみであった。

御三家、御三卿、外様大名は幕閣から除外されたので、ごく限られた人材しか政治の中枢に

昇れなかった。

この硬直した体制が政策の意思決定に致命的となったのである。国内問題のみならず外交問題が重要となる時代が到来して、嘉永～安政年間にかけて、世論は開国か攘夷かで揺れた。老中阿部正弘は、これまで幕閣のみで密室で決定していた慣習を破り、アメリカの国書を諸大名や幕臣らに示して、その対処策を諮問した。幕閣以外から意見を聞くのは初めてであった。限られた人材のみで政治を行なうのは限界に達していたのである。

慶喜は慶応三年に幕政の改革に取り掛かり、老中制の再編を行ない、老中6名を専任制にした。

外国事務、会計事務、国内事務、陸軍、海軍の担当別に責任者となって政務を行なうようになったが、有能な人材の確保には、家格に囚われることなく能力本位で登用するようになった。だが、慶応の改革と呼ばれる政策も、大政奉還によって全て無に帰してしまったのである。

慶長八年（一六〇三）家康が江戸幕府を開いてから慶応三年（一八六七）の大政奉還まで、将軍家が十五代二六五年も続いたのは後継ぎが絶えなかったからである。

江戸城に大奥が存在したのも、世継対策であったが、安定した時代には、それが問題とされることはなかった。しかし、家斉は子孫を絶やさぬためという口実で、好色に耽り、伝えられ

るだけで側室を17人抱えていた。

十一代将軍家斉が将軍になった天明年間（一七八一～）から慶応三年（一八六七）までの間に、57人の子を儲け32人は早世したものの男子13人、女子12人の計25人が成長した。

この多数の養子縁組と婚姻が、幕府崩壊に大きな影響を及ぼしたのである。

将軍家の子女を迎えることは、諸藩の後継ぎ争いを深刻化させ、財政の窮乏を訴える事態が多発したにもかかわらず、徳川一門九家のうち、一橋治済（父）・将軍家斉（子）の一橋系が将軍家、尾張家、紀伊家、田安家、一橋家、清水家、越前家の七家を占めるようになり、治済の血統を継いだ。

水戸家と会津の松平家だけが例外となったのである。

徳川一門の大半が数十年にわたって一橋系の後継ぎに占められた。

だが、天保年間（一八三〇～一八四四）になって治済・家斉の子孫が衰え始めた。

これに代わったのが水戸家である。

九代藩主斉昭が有名な好色で側室8人を持ち、36人の子宝に恵まれた。早世の子女は17人いたが、男子13人、女子6人の計19人が成長し、水戸家の姻戚関係拡大の大きな武器となった。

幕末には水戸家は、将軍家、御三家の二家（水戸、尾張）、御三卿の二家（清水、一橋）、家

門の二家（会津、桑名）、譜代の四家、外様の三家で斉昭の血統と繋がっていた。水戸家と同じ御三家の尾張家と紀州家は藩祖からの血が跡絶えてしまったので、水戸家だけが幕末まで継続したことになる。

大名家は、養子縁組が婚姻によって姻戚関係を構築し、家名の存続を図ってきた。

だが、この硬直した慣習が幕末になり、急激な社会変化、政治情勢に対応できる人材には不適格で、致命的な欠陥をあらわにした。家格で身分が左右される時代ではなくなったのである。

慶喜が英明な人物と評する人がいるが、多くの大名が愚鈍だったので、彼らに較べて凡庸でも傑出した存在に映ったのだ。

幕臣で欧州に渡航した経験をもつ新聞記者の福地源一郎は『幕府衰亡論』で、徳川幕府が崩壊した原因を三つ挙げている。

（一）これまで朝廷に政治参加させなかったのに、朝廷に奏聞（天皇に申し上げる）したこと。

（二）水戸藩主斉昭をペリー来航後、幕府の海防参与にしたこと。

（三）諸大名に国政の評議をさせたこと。それまで政策決定の権限は将軍と幕閣のみだったのが崩された。

明治の言論人は、これで幕府が滅亡したと考えていたのである。

彰義隊を生んだ混沌の時代

大地震と火山噴火と大飢饉が続発

家康が江戸に幕府を開いたのは慶長八年（一六〇三）で、十五代将軍慶喜が大政奉還した慶応三年（一八六七）まで幕府は二六五年続いたが、八代将軍吉宗までが前半で、三大飢饉のひとつ享保の飢饉に見舞われた。享保十三年の関東の飢饉で、一揆が頻発している。

そして、江戸時代中期の宝暦年間になると、大飢饉をはじめ大火、洪水、疫病、火山噴火や地震などの災害が次々と襲った。

明和九年（一七七二）は、メイワクな年であるとして安永と改元したが、安永九年（一七八〇）に関東地方が大洪水となった。すると縁起が悪いと翌年また年号を天明と改元した。

だが、天明二年（一七八二）に東北大飢饉が起こり、同三年には天明の浅間焼けといわれる浅間山大噴火（群馬）が発生し、死者2万人といわれる被害を出した。この影響で悪天候が続き、天明の大飢饉が数年にわたって続いた。

米が収穫できず米価が暴騰すると、江戸と大坂で天明の大打ちこわしが起き、豪商や米屋、高利貸などが襲われた。

続く嘉永年間（一八四八〜）から安政年間（一八五四〜）にかけて、火山噴火と大地震が次々

と発生した。

まず噴火だが、嘉永五年（一八五二）に新潟焼山、翌年に有珠山（北海道）、安政元年（一八五四）阿蘇山、同二年樽前山（北海道）、同三年駒ヶ岳（北海道）、阿蘇山と続いている。

一方の地震は、伊賀上野地震と豊予海峡地震が嘉永七年（一八五四）に発生。

安政元年（一八五四）にトラフ（溝状の海底地形）巨大地震が十三回も発生した。安政東海地震、飛越地震、安政八戸沖地震である。

安政二年（一八五五）江戸地震が起こった。マグニチュード七クラスの規模といわれ、死者七千人も出た。犠牲者の中には、水戸藩の思想家で藩士の藤田東湖もおり、死因は圧死だったという。

さらに安政三年の台風では、暴風と高潮で、関東各地の死者十万人を出したといわれる。

幕末まで、まるで幕府の世が呪われたかのように、大災害が続発した。特に八回の大地震が幕府を倒した主役ではないか、と思える程である。

寺子屋と神儒習合と尊王攘夷

江戸幕府は治世が長引くにつれ、行き詰まった幕政を打開すべく度々政治改革を行なった。八代将軍吉宗の享保の改革、老中松平定信の寛政の改革、老中水野忠邦の天保の改革で、三大改革といわれるが、なかでも後世に最も影響を与えたのが寛政の改革（一七八九〜一八〇一）である。

幕府の基本政策で、教育は士族に限り、農工商と婦女子に必要ないという徹底した愚民政策を推進してきた。

享保時代（一七一六〜三六）には、寺子屋など私塾は全国に八百軒しかなかった。それが寛政の改革で寺子屋が激増したのである。

経済的に余裕のできた豪農や商人の子弟が商売を継承し発展させるのに学問が必要になったことや、封建制度の経済や社会制度の矛盾に目覚め、解決法を学問によって探ろうとする風潮が強まったことが原因と考えられる。

数え年六〜七歳の子供が六月六日寺入りする風習が一般化し、朝から午後まで「読み書き算盤」と行儀作法を教えた。読みの教科書は、もちろん論語である。

幕末には、寺子屋は一万軒を優に超え、識字率は幕末時点で五十％（男五十％、女二十五％）だったという。二十世紀のロシア革命時にロシア人の識字率十五％と較べても驚異的な数字である。寺子屋教育の担い手は町人であった。

政治改革や経済政策に呼応して、町人が時代の要請に応え、実力者として頭角を現わしたのである。

草莽《そうもう》つまり民間の文化の担い手である村役人、地主、問屋、仲買、高利貸などが新しい思想を生み出していった。

「武士は食わねど高楊枝」という句がある。

人間関係において、喜怒哀楽を顔に現わさないのを理想とするのは、儒教の教えである。

儒学の教典とされているのは四書五経で、この解釈をめぐって、二つの学問が対立した。朱子学と陽明学である。

十二世紀、朱子の理気説は、君臣の義、父子の親、夫婦の別の三綱に長幼の序と朋友の信を加えた三綱五常をもって、社会秩序を守ろうとする。この朱子学が幕府の官学に定着した。

一方、明の儒者王陽明が立てた学問の陽明学の解釈で知行合一とは、どうすれば親孝行になるか知るのは知、実際に親孝行してはじめて本当に知ったことになる、という教えである。

封建制の矛盾が激化した老中田沼時代（明和四～天明六年、一七六七～八六の二十年間）の社会的現実をみつめた本居宣長は『古事記』などの古典に立脚し、儒教や仏教の説をまじえない神道説、つまり復古神道という思想に発展させた。

宣長の死後、復古神道を継承したのは平田篤胤であった。

平田国学といわれ、主流を占めた神道は大胆な宗教化が行なわれた。

篤胤によれば、死後の霊魂は大国主神の支配下にある冥府（幽冥界）に行くのであり、冥府は黄泉国（死後、魂が行く所）ではなく地球上至る所にある世界とする。

冥府に入った霊魂は、生前の行ないについて大国主神の審判を受けなければ、真の安心は得られないというのである。

この他、天御主神、高皇産霊神、神皇産霊神の造化三神による天地創造説がある。

この三神の働きによって、太陽をはじめ、万物が創造されたとした。皇国はすべての国の祖国であり、日の神である天照大神の本国である日本が最も優れているとした。

日の神の直系である天皇は現人神であるから、万民は崇拝すべきであるというのである。

神道は政治の理念となったのだ。

排外自尊主義の平田国学が、幕末の尊王攘夷運動の精神的支柱となり、全国の農村の村役人

や地主層にも浸透していった。

尊王論を生んだ学問の一つは儒学であり、もう一つは国学であったが、両者の考えにほとんど変わりはなく、現実の政治を批判するものに発展することなく、外国を排撃し鎖国を主張する攘夷論と結びついて尊王攘夷論を形成するに至った。そして外国の圧力が大きくなるにつれ、反幕府の考えが広まっていったのである。

天野八郎は、南牧村から武士を目指した

「士は農を治め、農は士を養う」。徳川家康の言葉である。

幕府の財政を支えたのは人口の七、八割を占める農民であった。江戸時代の日本の人口は三千万〜二五〇〇万人といわれるから、農民は一七五〇万〜二一〇〇万人を占めていたと思われる。

彼らが納める年貢は田地に課せられる租税で、村単位で納める決まりであった。

村の住民である百姓にも厳しい身分差別が存在し、家屋敷、田畑を所有し年貢、諸役を負担

する高持百姓（本百姓）と耕地を失なった水呑百姓や日雇いに分かれていた。

村の行政も、関東では名主、組頭、百姓代の地下三役が牛耳り、名主はほとんど世襲で、組頭は名主が選出していた。天野八郎、のちの彰義隊副頭取は上州磐戸村（岩戸村）の出身で、今の南牧村である。

標高三百～一四〇〇メートルに広がる山岳地帯にあり、当時の人口三五〇人ほどの小さな村であった。

祖先は、鎌倉時代に上野国新田郡の新田義重の子が里見村に住み里見姓を名乗った義継であるといわれる。

本名は大井田林太郎といい、天保二年（一八三一）生まれ。父吉五郎の二男で、家は代々名主を務めた家柄であった。吉五郎は江戸の神田小柳町で伊勢屋という公事宿（地方から訴訟のため出てきた者の泊まる宿）を経営し、裕福な暮らしをしていた。こうした環境の磐戸村で育った林太

天野八郎の肖像

天野八郎の生家（上州磐戸村）

郎は、幼少の頃から学問を好み医師の林玄秀から読書や習字を習ったという。

百姓仕事に全く興味を示さなかった林太郎は、いつの頃からか青雲の志を抱くようになり、「片田舎で朽ち果てるのは男子の本分ではない。文武を修めて名を後世に掲げなければ…」と江戸に行く事を決心していた。

山深い寒村の少年が武士になろうという野望を抱いたのも不思議ではない。嘉永年間（一八四八～）から安政年間（一八五四～）にかけて、過去の遺物と思われていた武者修行が大流行したのである。

半世紀前から外国船がひんぱんに日本沿岸に出没し、政治、経済も不安定となって、世の中騒然として次第に革命前夜の兆候が現われてきたからである。

全国の藩はこぞって文武に有能の若者を各地に漫遊させ、藩費も支給して、剣の腕をあげさせるとともに、全国の情報が藩に伝わるようにしていた。

この風潮が富裕な商人や村の名主らの層に広まったのである。全国の田舎に、武術や学問を教える私塾が作られ、経済的に恵まれた若者たちが集まった。

大井田林太郎も、そうした若者の1人であった。

十四歳の時に、笈（衣服、食糧などを入れて背に負う箱）を背負って江戸に初めて出たとい

う。父親を頼り、剣術を学ぶためであった。林太郎は暇さえあれば刀を抜き、切返しの稽古に励んだが、その技は目にも止まらぬ速さであったそうである。

江戸に滞在して六年目、嘉永三年（一八五〇）に父吉五郎が死亡した。金銭的な支えであった父を失なって、林太郎が郷里の磐戸村に帰る決意をしたのは二十歳の時であった。

田舎に戻っても農業に励む気はなく、村の若者に剣術を教えながら再び江戸に行く機会を伺っていたのである。

安政三年（一八五六）に転機が訪れた。

大井田家の分家で公事宿の吉野屋を営んでいた林太郎の叔父浅川嘉兵衛が亡くなり、林太郎は養子になったが、浅川姓を名乗らず大井田姓のままであった。

安政年間は歴史の転換期となった激動の時である。

安政五年には、アメリカのハリス総領事と日米通商条約調印。それに続く安政の大獄と呼ばれる尊王攘夷派の人々の大量逮捕、処分。林太郎は井伊大老の処置に憤慨し、江戸へと飛び出した。そして、勤王の考えを持つ人々の間を奔走し、攘夷の断行を心に抱くようになった。

その一方で、外国軍艦が日本沿岸に出入するのを国辱と考えた林太郎は水雷術を発明した。

今でいう潜航艇のような船で海中を潜航して外国船に接近し、船底に爆烈弾を付着させ導火

によって沈没させようというものであった。

この発明を、文久二年（一八六二）に浜松城主であった老中井上河内守に上申したが、文政年間（一八一八〜）の異国船打払令は廃止され、次々に港が開港されたため、実現には至らなかった。詳しい経緯は不明だが、林太郎は常火消の与力、広浜利喜之進という二三〇俵15人扶持の旗本と知り合った。

慶応元年（一八六五）十二月、林太郎は養子となって、名も八郎と改めた。慶応二年には、姓を天野とし、天野八郎が誕生したのである。

彰義隊の頭取を生んだ利根川縁の血洗島

彰義隊は江戸で結成されたが、中心人物は上州（群馬）と武州（埼玉）の出身者たちである。江戸から約二十里（八十キロメートル）、利根川沿いの地が故郷の若者たちで、血洗島村、手計（手墓）村という横溝正史の小説の舞台になりそうな村落には数々の伝説がある。

血洗島の地名はその昔、上州赤城の山霊が他の山霊と戦って片腕を取られ、流れた血を洗っ

た所とか、戦国時代に北条軍と上杉軍がここで戦い幾多の血が流されたからという説がある。

隣村の手計村は戦の度に武士の手ばかりが流れ着いたからとか、平安時代に八幡太郎義家が、利根川岸の戦いで片腕を切り落とされ、その血を洗い、腕を葬った所が手計の村名の起だとも伝えられている。

この物騒な地名の村が、彰義隊を結成し率いた渋沢一族の出身地である。

文化・文政期（一八一〇～一八二九）から利根川水系が整備され、本流、支流の要地に商品の集散地である河岸が発達した。

下手計村に近い利根川河畔の中瀬（深谷市）は、江戸との物資運搬だけでなく、上下流の利根川河岸に集まる船客の乗り継ぎの要所となったのである。

この地には「藍田は家を興す」という言葉がある。

藍は化学染料が発明される以前は、最も重要な染料で、藍玉は藍の葉を発酵させ、運び易い

渋沢栄一生地（中の家）（渋沢栄一記念館所蔵）

ように固めた染料である。

渋沢一族は米麦の耕作、養蚕の他に藍作りを生業にしていた。利根川の船運を利用して、江戸に藍玉を運んだだけでなく、大量の肥料を与えれば品質のよい藍玉が出来るので、肥料の搾滓、干鰯を中瀬の河岸場に陸揚げし、躍進を遂げた。地元では藍玉を製造、販売する農家を藍屋と呼んだそうである。

江戸の文化、経済の情報がいち早く伝わり、繁栄に大きな役割を果たしていた利根川の河岸場を中心に、学問を尊重する気風が高まり、数多くの有能な若者を生み出したのが血洗島村と下手計村であった。その中心となった人物が尾高新五郎である。

のちに惇忠と名乗る新五郎は下手計村の名主尾高勝五郎の長男として天保元年（一八三〇）に生まれた。

尾高家は塩、菜種油など日用品を扱う「油屋」を商い、藍玉の加工販売の他に農業も営んでいた。

新五郎は七歳の時に村の長老から儒教の教典である「四書」の教えを受けると、すぐ理解したといわれ、さらに血洗島村で塾を開いていた儒学者から「五経」の講義を受けるなど読書好きの少年として周辺では有名であった。

十歳の時には武芸にも興味をもち、神道無念流の大川平兵衛の道場に入門した。

余談だが、大川平兵衛は当時川越城主だった前橋藩の松平家の剣術師範になっているが、尾高新五郎の娘は大川平兵衛の息子に嫁いでいる。

天保十二年（一八四一）、十二歳の新五郎は父に連れられて利根川から船で河口まで行き、水戸郊外で水戸藩主の徳川斉昭が行なった追鳥狩を見物した。

外国船が日本周辺に迫る情勢を睨んで、戦争を想定した演習に新五郎は感動し、徳川斉昭を尊敬するようになると共に、水戸学の考えに傾倒していった。

水戸学とは国学、史学、神道を基幹とした学派で尊王攘夷運動に大きな影響を与えた学問だが、新五郎は十二歳にして尊王攘夷に目覚めたのである。

早くから文武両道に励んだ新五郎だが、十五歳になると初めて家業に従事するようになった。数ある家業の中で、新五郎が注目したのが養蚕だった。

新五郎の伯父渋沢宗助は蚕の育成書を書くほどの養蚕の第一人者であったが、新五郎はその手伝いをしているうちにさまざまな知識を吸収し、養蚕を営む農民を指導する基礎を学んだのである。

新五郎は農業に精を出す一方で、青少年の教育にも熱心であった。十七歳ごろには、村一番

の知識ある学者と認められるようになり、私塾を開いた。

この塾に渋沢一族の子供たちが集まり学んだのである。

本家の東の家を中心に、分家の新屋敷、中の家、尾高家、須永家があったが、新五郎は尾高家の長男であり、みないとこ同士であった。

渋沢栄一は天保十一年（一八四〇）生まれで、新五郎より十歳年下にあたる。栄一は七歳で塾に入り、最初に学んだのが「論語」だった。のちに彰義隊の頭取となる渋沢成一郎（喜作）は天保九年（一八三八）新屋敷と呼ばれた血洗島村の農家の二男として生まれた新五郎の塾生である。

同じ天保九年に、尾高家の二男長七郎も生まれている。

神道無念流の免許皆伝の腕をもつ剣豪で、剣術はからっきし弱かった栄一には憧れ尊敬される存在だった。

尾高家の三男平九郎は弘化四年（一八四七）生まれで、のちに栄一の養子となった。（そのいきさつは後に述べる）

上州成塚村（現在の太田市）にも渋沢一族がいた。戦国時代の慶長年間、細川八郎教政という武士が関ヶ原の戦いに敗れ、上州須永村に落ちのび、須永の姓に改めて帰農したといわれる。

この血筋をひく農民の子が須永伝蔵であった。母は渋沢家の中の家の当主の妹で、天保十三年（一八四二）に生まれた。

伝蔵は七歳の時に父を失い、安政二年（一八五五）に中の家に十四歳で引き取られ、農業の手伝いをしながら、栄一、成一郎（喜作）と一緒に新五郎の塾に通いはじめたのである。

栄一は新五郎の勧めで阿片戦争を書いた「清英近世談」を読み、影響を受けて攘夷思想に燃えるようになった。塾生となったいとこたちは、新五郎の思想に染まり、尊王攘夷の行動を計画することになる。

ところが、安政五年（一八五八）伝蔵は十七歳の時に上州成塚村の一つ年上の娘と結婚し、農業を継ぐことになったのである。偶然にも同じ年に、栄一も尾高新五郎の妹と結婚している。こうした状況の変化にもかかわらず、彼らは倒幕のための密議を尾高家の二階で重ねていた。高崎城乗っ取り計画である。

この実行の準備のため、栄一と喜作は江戸に出て、千葉周作道場などを回り、ひそかに計画

渋沢成一郎（喜作）

に参加する同志を募集した。その一方で藍商売で得た利益で江戸の武具商から一五〇人分程の武具を購入し、川船で運んで尾高家の土蔵や渋沢家の倉庫に隠しておいた。この時、江戸で一橋家の家臣と出会ったことが、栄一と喜作の運命を大きく変えたのである。

2人が故郷に戻った後、尾高長七郎が京から帰ってきた。

剣豪の長七郎は文久二年（一八六二）の坂下門外の変に参加した後、京に上り、続発する攘夷派の天誅事件や公武合体派が攘夷派を京都から追放するのに成功した八月十八日の政変をつぶさに見ていたのである。

栄一ら新五郎の塾生たちは、京都の情勢変化に失望したので、高崎城乗っ取りの後、横浜の外国商館の焼き払いを行なう計画を長七郎に話した。

賛成してくれるものと思っていたのに反して、長七郎が激しい勢いで反対論を延々と述べる。わずか二百人足らずの農民兵で鉄砲もなく槍刀で戦うのは無謀であること。事を急がず天下の形勢をみるべし、と長七郎は一同を説得したのである。

こうして高崎城乗っ取り計画は中止となり、栄一と喜作はしばらく京へ逃れて難を避けることになった。栄一二十四歳、喜作二十六歳で覚悟の旅立ちである。新五郎は再び農業と藍の商売に励むことになった。

栄一、喜作、伝蔵が一橋家の陪臣になった理由

栄一が武器調達のため江戸に滞在していた時、一橋家の家臣で家老並の平岡円四郎と交流する機会を得ていた。

その部下川村恵十郎が栄一と喜作を武士に取り立てたのである。川村は八王子出身の旗本で天然理心流の使い手として有名だった。新選組の近藤勇や土方歳三と同門である。

一橋家の役職は御用談所調方頭取で、塾や道場を回り、邸臣の選任を行なっていた。

栄一と喜作は川村以外の評価は低く、不合格であったが、「理論だけの頭でっかちだけでなく実行力がある若者である」と川村が採用を決めたのである。

当時、農民は藩の持ち物とされていて、家来にするには血洗島村の属する岡部藩（深谷市）と交渉し許可を得る必要があったが、川村によって根回しが効を奏し、晴れて一

渋沢　栄一（篤太夫）
（渋沢史料館所蔵）

須永伝蔵肖像画

橋家の邸臣となった。

栄一、喜作の役職は御用談所下役で川村の配下となったのである。この時、武士名が決まり、栄一は篤太夫、喜作は成一郎と命名された。2人は四石2人扶持、月俸四両一分の身分となった。

一橋家は御三卿（一橋、田安、清水）に属し、賄料として十万石の封地を与えられた。但し、自前の家臣を抱えることはできず、仕える者たちは家来、家臣とはいわずに邸臣と呼ばれた。

須永伝蔵はいとこの間では侍志望が最も強かったが、栄一の勧めで一橋家に仕え、水戸天狗党の挙兵を追う先発隊として出陣した。しかし、一橋慶喜が諸藩兵を率いて討伐のため越前国に来ると聞いて、天狗党は加賀藩に降伏。その多くが処刑された。このあと、須永伝蔵は武士名を於菟之輔と改めた。

慶応元年（一八六五）栄一は勘定組頭、食禄二十五石7人扶持、月手当二十一両、喜作は軍制調組頭に昇進した。

慶応二年（一八六六）、慶喜を将軍名代として第二次長州征伐の出陣が決まったが、その兵士の中に栄一、成一郎、伝蔵らが名を連ねていたが、中止となった。

その後、慶喜の将軍家相続が決まり、栄一と喜作は一橋家を去って幕臣となったのである。

栄一は慶喜の将軍職相続反対の意見を具申していた。栄一は喜作と同じ御勘定格陸軍奉行支配調役に任命され、伝蔵は陸軍附調役並という役職に任命された。

慣れない仕事に不満を抱いていた栄一に、大きな転機が訪れたのは、幕府の目付役に就任した原市之進の出現であった。新しく慶喜の側近となった人物である。

栄一に向かって、「来年フランスのパリで万国博覧会がある。慶喜公の弟民部公子（徳川昭武）を派遣なさる。その従者として渡仏しろ」と指名を受けたのである。

ほかに水戸藩の7人が昭武のお供をするので、会計係という役職で攘夷論者の行動を抑えるのが与えられた役目であった。

この他、栄一をそそらせたのが、「博覧会が終わったらフランスに留めて学問させようとのお上の思し召しで、五年か七年かの国に留学のはずである」。

この栄一の渡仏が、日本に大きな影響をもたらしたのである。そして、新五郎の弟平九郎の養子の一件である。

当時の制度では、士分以上の者で嗣子のない者が公命で、海外旅行する場合、見立て養子を立て、当人が御用先で死

徳川昭武（松戸市戸定歴史館所蔵）

亡した時に、その家名が断絶しないよう計られていた。

栄一は見当て養子として新五郎の弟平九郎を選んだのである。喜作は栄一がフランスに旅立ったあと、奥祐筆に昇格した。

奥祐筆は、公文書や記録を管理し、先例を調査、老中の政務の資料を作る職務であった。

喜作は子供の頃から二歳年下の栄一に従い行動してきたが、やっと解放されたのである。

慶応四年（一八六八）、渋沢喜作が鳥羽・伏見の戦いで敗れ軽傷を負って江戸に帰った。

大目付の滝川具挙が討薩表を掲げ、先発隊として大坂から京へ向かったが、刀槍を持った護衛兵四百名は持ち伏せていた薩摩兵の銃撃で逃げ帰ったという。

喜作はこの体験を新五郎らに語り、薩摩への憎しみを忘れなかった。

彰義隊の短い一日

将軍辞職後の豚一さまの恭順生活

慶応四年（一八六八）、慶喜が大坂城をひそかに逃げ出した翌一月七日朝廷は慶喜追討令を発した。

その一文には、「慶喜の大政返上は名のみの詐謀であり、去る三日には、かれより兵端を開いた。慶喜の反状明白、始終朝廷を欺き奉り候段、大逆無道」と激しく責め、「よって、やむをえずこれを追討する」とした。

一方、慶喜は老中稲葉正邦（京・淀城の藩主で鳥羽伏見の戦いで幕府軍に城門を閉じる裏切りをした）宛の文書に、鳥羽伏見の戦いを全くの薩摩藩士の不法攻撃であるとし、彼らが天皇の真意を歪めて自分に朝敵の名を負わせたために、戦には敗れたが、まだ、このまま引き下がる意志はない、と述べている。

この時点では、新政府と対決する気があったことを示している。

大坂を出航してから六日後の一月十二日、品川沖に停泊した開陽丸から慶喜一行は、浜御殿（浜離宮恩賜庭園）に上陸した。馬で駆けつけた勝海舟は、そこで一行と対面したのである。

重臣たちは誰も口を開かず、老中の板倉勝静から事のあらましを聞くことができた。

これを聞いた海舟は、薩摩の挑発に乗らず戦をしなければ、これからの展望が開けたという思いから、慶喜へ向けての怒りをぶつけたのである。

確固たる見通しもなく戦端を開き、形勢不利で敗れてすぐに大坂を離れるとは、余りに無責任きわまると思ったのだ。これに対し、慶喜は大坂脱出の理由を、「朝廷に敵対などしていないし戦う意志もなかった」、「会津、桑名が勝手に戦争に走った」と弁解し、大坂城の大軍の兵を欺いて逃亡したのも、「江戸で恭順の意を示したかった為、抗戦派の妨害を避けた」と述べたという。

自尊心の塊で決断力はあるが、政治家に多い風見鶏的で変わり身の早い慶喜の性格は、周囲に好かれるはずもなく味方は少なかった。

豚一さま。一橋家の当主だった頃の渾名である。

この異名は、幕臣だけでなく江戸町人の間にも広まっていた。将軍はわずか一年で、しかも江戸城に居ることも少なかったので、豚肉好きの一橋さまの略称、豚一と揶揄したのも、当時は禁忌であった豚肉を好んで食べたことと、変わり者気質だったからと思われる。

一月十三日、江戸城では和戦（平和と戦争）についての会議が開かれた。

前橋藩主の松平直克も直ちに登城し謁見した。主戦派の勘定奉行兼陸軍奉行並、小栗忠順ら

が徹底抗戦を主張したが、その作戦は箱根と碓氷峠の関所に陸軍を派兵し、険しい山を防衛線し、新政府軍を迎え撃ちするというものであった。一方、海軍は駿河湾に展開し、東海道を進軍してくる新政府軍を砲撃する目論見であった。

これに対して松平直克は、朝廷に謝罪するよう進言し、朝廷の命令に慎み深い態度で従う気持を明らかにするのが最善の策であると恭順を迫った。だが、慶喜はうなずくのみで明確な返答をしなかったという。

恭順か徹底抗戦かの議論は結論がでなかった。すでに慶喜以下重臣の27名の官位が天皇によって奪われ、天領（幕府直轄の領地）は朝廷領となって、無冠無位の身になった慶喜は、そのうっぷんを晴らすかの様に、若年寄で陸軍奉行だった竹中重固に、鳥羽伏見の戦いの敗北を責めた。いち早く戦線を離脱するとは何事かと罷免したのみならず、蟄居を申しつけた。

この竹中重固は、豊臣秀吉の軍師だった竹中半兵衛の子孫で旗本だった。

そして十五日には、徹底抗戦を主張する小栗上野介を罷免する人事が発表された。

「小栗の罷免は、幕府内にはびこっている古い習わしを一掃する絶好の機会である」（戊辰日記）

小栗上野介

これは恭順派の会計総裁大久保忠寛が京にいる越前藩主の松平慶永に送られた書簡である。十八日も松平直克は登城し、恭順の態度を明らかにするように進言するが、慶喜ははっきり答えず、意見があれば箇条書きにして提出するように指示された。

他の藩主たちは慶喜に意見を求めたが、会うことすら拒否され、次々と江戸城を去っていったのである。

しかし、前橋藩家老の山田太郎左衛門は、慶喜を引退させて朝廷謝罪の実績を上げ、徳川家の家名を存続させるのが最善の策であるという具体案を直克に進言していた。

一方、幕府の動向をさぐっていた岩倉具視は、幕府周旋方の川村恵十郎の提供した情報をもとに、慶喜が過去の罪を悔いて恭順の意を表明すれば和宮降嫁の縁故などを考慮して、徳川家の家名を存続させると、松平慶永に伝えている。さらに謝罪の道が立てば家名存続は岩倉の生死を懸けて請け負うと明言したのである。

慶永は、ただちに直克に書状を送り、岩倉具視も直克の動きを全面的に支援すると言っている。慶喜に謝罪させるよう最善の努力をして欲しいという内容であった。

この間に、恭順派の勝海舟が海軍奉行並に任命され、慶喜は恭順に傾いたと思われたが、最終判断は一向に明かさなかった。

直克は慶永の手紙を受け取り、二月一日に江戸城で慶喜と謁見し、徳川家の家名存続を条件として、朝廷に謝罪するのが最善の策であると、朝廷の岩倉具視の保証を担保に恭順を強く迫った。

加えて、勝海舟と大久保忠寛は、新政府の追討軍が東海道、東山道(中山道)、北陸道を進軍し、諸藩が新政府に忠節を誓う状況で、徳川家を存続する唯一の道はひたすら謝罪、恭順する他ない事を熱心に説いたのである。

さすがの慶喜もやっと決心し、朝廷への謝罪文を作成して京の慶永に送った。こうして謝罪文は太政官に渡されたのである。

二月四日、慶喜は旧幕臣に「随身の自由」を認める御触れを出した。

徳川家に仕えるのも主家を離れるのも自由だというのである。無責任きわまる一方的な解雇宣言である。

更に二月八日、新政府に対する恭順の意を強調するため、会津藩主の松平容保、桑名藩主の松平定敬を登城禁止の処分にしたのである。

かつて慶喜が禁裏御守衛総督で、容保が京都守護職、定敬が京都所司代として活躍し、腹心中の腹心だった2人を突き放した冷酷さこそ、慶喜の人格を表わしている。

二月十二日、慶喜は江戸城を出て上野寛永寺（大慈院）に閉居した。

はじめ、慶喜は「江戸城を捨てては、先祖に申し訳が立たない」と尻込みしていたが、「この場に至って祖先に申し訳ないと考えるなど、もっての外の心得違い」と勝海舟に諭され、四畳半の生活を決意したといわれる。

上州の須永伝蔵が彰義隊の発起人

奇しくも慶喜が江戸城を去った日が、彰義隊発足の原点となった。一橋家ゆかりの旧幕臣17人が、雑司ヶ谷鬼子母神門前の茗荷屋という料亭に集い「尊王恭順有志会」と名付けた会合をもったが、慶喜の復権や助命嘆願が話し合われたのみであった。

そもそもこの会合がもたれた切っ掛けは、新政府軍が江戸にやって来るという噂が江戸の町を駆け巡った頃からである。

朝敵という名のもとに、慶喜恭順の噂が広まると、須永伝蔵たちは、朝廷への哀訴謝罪の意見申立ての書状を、慶喜に渡してもらうため、老中格の藩主立花種恭邸に日参したり、有効な

手だてを講じて走り回っていた。

そんな折、町でみかけた檄文に触発されて、伝蔵が檄文を草案したのである。

賛同したのは、陸軍調役並だった本多敏三郎（江戸商人の子で一橋家の陪臣本多家の養子となり慶喜に仕えた）と陸軍調役並だった伴門五郎（武州蕨宿の名主の子から幕府の御徒、伴家の婿養子となった）で、発起人の須永伝蔵は幕府陸軍勤方であった。伝蔵は元治元年（一八六四）に一橋家の陪臣募集に応じて仕官し、慶喜の将軍就任によって幕臣となったが、この３人は、京都で陸軍の伝習隊のフランス式訓練を受けた仲間だった。

伝蔵たちは檄文を一橋家に使えた陪臣「橋府随従」の三百名はじめ多くの同志たちに配布した。

伝蔵は、いとこの喜作や平九郎、そして江戸に呼び出した新五郎に尊王恭順有志会を結成の経緯を滔滔と語ったが、最初の会合に３人は参加しなかった。

二月十七日四谷の円応寺で二回目の会合が行なわれた。伝蔵は喜作の家で新五郎、平九郎たちの参加を説得し、やっと納得すると、喜作には首領となって欲しいと頼んだのである。

同意した新五郎は血誓文の草案を作成した。

「同盟哀訴申合書」である。その主旨は、上様が反逆のお叱りを受けたが、弁明されず謹慎

された。我々家臣としては、上様の業績と無実の罪を朝廷に申し上げ訴える他はない。ここに一同血判して申し合わせ致す、という内容であった。

この会合には30人程集まったが、意見はまとまらず、もう一回会合しようという事になった。

そして二月二十一日再び円応寺で会合が行なわれた。

この会合には、天野八郎ほか67人が集まり、渋沢喜作とは初対面となった。天野は幕臣天野新太郎の叔父という名目で参加した。

喜作が血誓文を読み上げた後、天野八郎は異議なしの挨拶を述べたが、慶喜公を窮地に追いつめた薩摩藩こそ天下叛逆の徒であり、徹底的に討ち果たすという内容だった。

天野八郎はでっぷりした小男で、ずんぐりむっくりの体型だが、機敏な動きをする剣豪だった。

顔はいかつく、濃い髯が特徴で、歯が悪く象牙の入歯をしていたといわれる。そんな男の上州訛の挨拶は、威圧的な貫禄を感じさせた。

血誓書は、一橋家や幕臣の加入という規約だったが、村の名主にすぎない新五郎は特別扱いで参謀格、榛沢新六郎という偽名で血判を押し、晴れて隊の一員となったのである。

二月二十三日、有志が浅草の本願寺に集まった。一三〇人余りの有志の出立ちは、槍持参の

者や鎧に身を固める者、乗馬で来る者などバラバラであったという。
有志の面々はまず隊の名を付けようということになり、衆議によって決定することになった。さまざまな案が出たが、最後に貫義と彰義が残り、阿部弘蔵が言い出した彰義隊と命名された。
次に隊の頭や幹部を投票で選ぶことになり、頭取には慶喜に重用され幕府の奥右筆別事取扱を勤めた渋沢喜作改め渋沢成一郎、副頭取に天野八郎、幹事に伴門五郎、須永於菟之輔、本多敏三郎が選出された。

彰義隊は新五郎が作成した同盟哀訴状を成一郎らが江戸城に登城して岡山津山藩主の松平三河守に差し出し、新政府軍に伝えてくれるように言上した。

三河守の返事は、「前橋藩の松平大和守が周旋のため京に上り、上野の輪王寺宮も御所に入ったので、朝廷の結論を待て」というものであった。また新政府軍に刃向かう勢力と誤解されることを恐れて、あえて任務を与え、江戸市中の取り締まりを命じた。

そして、改めて隊名を彰義と賜わり、大目付本多邦之

浅草本願寺での彰義隊士評議の図
「山鵲一聲」

助が頭に任命され、彰義隊は幕府の御墨付を得たのである。彰義隊の噂が広まり、隊員が次から次に増えていった。

一月十五日に勘定奉行を罷免された小栗上野介は、上州の領地である権田村に引き上げようとしていた。

二月二十八日、渋沢成一郎は神田駿河台の上野介を訪ね、彰義隊への参加を懇願したが断られた。

上野介は成一郎に、薩長による新政府が乱れた時には、主君を奉じて天下に檄をとばすこと。権田の農民を教育し、農兵を育てることなど、未来の戦いに備える決意を語り、江戸を去っていった。

この二週間ほど前、有栖川宮熾仁東征大総督と参謀の西郷隆盛らが率いる大軍が、東海道、東山道（中山道）、北陸道の三道から約五万で江戸を目指した。鳥羽伏見の戦いの時より十倍多い戦力で、薩・長・土三藩が主力であった。

三月五日に駿府城に入城。参謀会議が開かれ、三月十五日に江戸城進撃が決定した。

九日、山岡鉄太郎（鉄舟）はよりによって幕府の御尋ね者の薩摩藩士益満休之助を伴い駿府へ西郷隆盛を訪ねた。

西郷に勝海舟からの手紙を渡すためである。

手紙の内容は、もし江戸を攻撃すれば、いかなる事態が起こるか分らないことを強調し、西郷の心を揺さぶったものであった。

この後、西郷は慶喜謝罪の七条件を山岡鉄舟に示し、三月十三日、十四日の西郷、勝会談では、七条件をめぐって駆引きがあり妥協点が話し合われたのである。

西郷は、江戸城進撃の中止を命じさせ、ここに江戸城明渡しが決まったのである。

同じ頃、寛永寺の輪王寺宮が覚王寺義視（寺の全てを取り仕切る執当）と共に、慶喜のために有栖川宮大総督に嘆願するため駿府に赴いた。

輪王寺宮は伏見宮邦家親王の第九子で皇子の出家後に親王宣下を受けた人である。（輪王寺宮とは、日光の輪王寺の門跡であった法親王の称号）この立場を利用して有栖川宮と駿府会談を行なったが、言い分は無視され会議は不調に終った。

お供の覚王院義観はこけにされたと悟り、憤怒した。

そして、新政府軍への敵愾心を彰義隊士にあおり、鼓舞する一方、大慈院に蟄居している慶喜を守るためと称して、上野周辺を守っていた彰義隊士に寛永寺の塔頭（大寺に所属する小寺院）全てを提供して宿舎としたのである。

四月十一日は歴史上大きな変化の日であった。江戸城開城が行なわれ、慶喜が危険にさらされず隠居生活を送るために上野から水戸へ去った日で、慶喜は三十二歳で歴史の表舞台から降りたのである。

さらにこの日は、彰義隊分裂の日ともなった。

頭取の渋沢成一郎と副頭取の天野八郎の対立が激化したのである。

成一郎は尾高惇忠（新五郎）と須永於菟之輔（伝蔵）に会い、水戸へ行って慶喜護衛をしようとしたが、彰義隊は渋沢らの水戸行きを差し止めた。仕方なく須永1人を水戸に行かせたが、渋沢は水戸に現われることはなかった。

かねてから成一郎は、上野が要塞でないから、ここで戦うのは不利であり、日光に退き、そこを本拠にして抗戦すべきであるという持論をもっていた。

一方の天野八郎は、慶喜が居なくなった後は輪王寺宮を奉じて上野を守るという考えであった。

天野派は渋沢の金銭問題を理由に頭取を罷免するが、渋沢は、決して新政府軍側にならないこと、第二に絶対降伏しないことを約束して、尾高惇忠と共に彰義隊を脱退したのである。

この時から、天野八郎は彰義隊の実権を握ったのであった。慶喜が江戸を去ると、新政府軍

は陸軍奉行だった勝海舟に彰義隊の排除を命じた。

勝は山岡鉄舟を上野の彰義隊に行かせ、解散するよう説得するが失敗した。この時、山岡は覚王院にも会っている。彰義隊の解散を勧めるよう迫るが、覚王院は逆に輪王寺宮を奉じて新政府軍に叛逆する意志を表明したのである。

さらに覚王院は諸藩に対して、新政府を倒そうという檄文を送っていただけでなく、江戸を彰義隊で持ち堪えれば、奥羽越列藩同盟の強力な軍事力があるので勝てるという、全て甘い見通しを彰義隊士たちに語り、上野戦争へと巻き込んでいったのである。

彰義隊は不満分子、食い詰め者など、その他大勢も呑み込んで隊士はどんどん増えていった。総勢三千といわれた大部隊は編成替えが行なわれ、一隊50名として、一番隊から十八番隊まで、十八隊をもって本隊とした。

（頭）小田井蔵太、池田大隅守（勤仕並寄合）
（頭並）天野八郎　他3名
（頭取）伴門五郎、本多敏三郎　他2名
（頭取並）8名
（組頭）19名

（本隊）一～十八番隊まで。組頭は18名

この他に、脱藩者や自ら志願した兵士が思い思いに集まり作った部隊がある。付属隊である。

主だった付属隊を挙げると、「純忠隊」がある。隊長は若年寄兼陸軍奉行で鳥羽伏見の戦いの指揮を執り敗北して、慶喜から罷免された旗本竹中丹後守重固である。美濃の領地は赤報隊経由で新政府に接収されていた負け犬である。汚名挽回の出陣だったのか、彰義隊壊滅後、輪王寺宮を奉じて奥羽地方を転戦した。

高勝隊は高崎藩の江戸屋敷から脱藩した30名であった。

他にも十以上の付属隊があり、有り体にいって寄せ集めの軍隊が彰義隊の実像である。

新政府の三条実美は、関東監察史として江戸に到着するや閏四月二十九日に江戸城で御三卿の田安家の徳川亀之助に徳川家を相続させる勅旨を伝えたが、亀之助は七代目当主といっても、わずか六歳であった。（のちに徳川家達となる）

五月一日、大総督は彰義隊から市中見廻りの役目を取り上げた。この頃、天野八郎は覚王院と相談し、奥羽諸藩と協力して劣勢を挽回しようとしていたが、五月四日、彰義隊の本営の寒松院で幹事の会議が開かれた。

彰義隊生え抜きの本多敏三郎と伴門五郎は、「新政府軍と上野での衝突を避け、速やかに日

光に引こう」と覚王院を説得したが無駄だった。

翌日、新政府の勅使が江戸にやって来て、有栖川宮大総督の名で江戸城登城を促し、覚王院にも同様の命令を出すが、どちらも仮病を使って拒絶した。

これら迅速な数々の処置は、四月二十七日に参謀人事が行なわれ、急拠長州の大村益次郎が加わったからである。

十四日、大総督府は、彰義隊討伐を布告し、徳川亀之助と輪王寺宮にも最後通告が送達された。

大村によって、作戦準備が完了した。機は熟したのである。

上野戦争の十時間

「この年は、天、神州の災害を示すか、早春より霖雨打続き、今五月に至るまで三日の晴天なし」（天野八郎

彰義隊奮戦之図
（円通寺所蔵　東京・荒川区）

が捕えられ獄中で書いた『斃休録』より）

この言葉通り、雨続きで梅雨の季節であった。

五月十四日、大村益次郎が立案した作戦計画が、諸藩の部隊に伝えられた。集合地は大下馬（江戸城の二重橋外）で時刻は暁天となっていた。

同じ日、彰義隊を脱隊し、わずか20名で発足した振武軍は、隊頭渋沢成一郎以下六百名余りに増えていたが、多摩地区の田無村に陣を張った。

隊頭の渋沢成一郎、副隊頭の尾高新五郎、新五郎の弟で栄一の養子となった渋沢平九郎が組頭と渋沢一族で固めた振武軍は、もし開戦となった時には、ただちに江戸に進撃し、彰義隊と呼応して新政府軍と戦うというのが、成一郎の作戦計画であった。

彰義隊が新政府軍の総攻撃開始の情報を得たのは、十四日の夜半である。新政府軍は午前四時頃から進軍を開始し、六時頃には戦闘準備を完

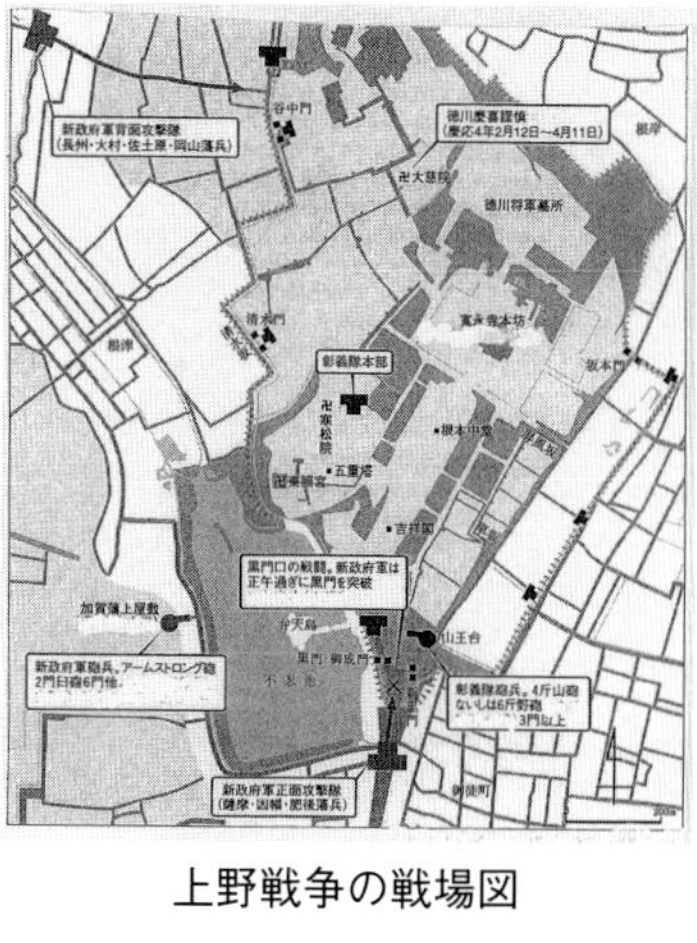

上野戦争の戦場図

彰義隊離脱後の振武軍軍旗

了した。総勢およそ二千名といわれる。

正面の黒門口には、主力の薩摩、因州（鳥取）、肥後（熊本）の藩兵。本郷、団子坂、の背面攻撃には、長州が主力になり、肥前（佐賀）など九州諸藩兵が当り、水戸藩邸には備前（岡山）、尾州（愛知）藩兵が対陣し、さらに砲兵隊が陣をとる体制であった。

一方の彰義隊は戦争と聞いて臆病風に吹かれて脱走する隊士が多く、総勢わずかに千人ほどに減少していたといわれる。

彰義隊は攻撃に備えて、急ぎ、部隊を三方面に分けた。正面の黒門口と谷中門方面の団子坂、そして不忍池と穴稲荷門である。各方面には大砲が配備されたが、本営は天野八郎が指揮したものの他は思い思いに勝手に行動して、組織的軍隊には程遠かった。天野八郎は嘆いた。「我隊恭順の趣意を破らず胸壁溝壑《がく》（弾丸よけの堆土）の設けなく、事に臨んで畳二、三枚宛楯とするのみ」（天野八郎『甦休録』）戦場はこの有り様であった。明け方、風雨が激しい中、天野八郎は馬にまたがり守備陣形の巡視に出た。

午前八時頃である。戦闘の火蓋が切られた。一発の砲声が轟いた後、続けざまに七発が発射された。

彰義隊は陣地を構築し、畳で弾丸よけの胸壁を作って、攻め寄せる薩摩藩兵らを迎え撃った

のである。だが、連日の雨で古畳はぐずぐずに崩れ、地面に流れ出して少しも役に立たず、足場の邪魔になるだけであった。

天野八郎は自ら八番隊を率いて黒門口の防衛の指揮を執り、山王台（西郷さんの銅像のある所）に上って、自ら大砲を指図した。

この光景を見た薩摩の参謀西郷は、「なかなかやる、思いのほかやる」と感想を洩らしたといわれる。午前十一時ごろまでは、彰義隊の奮戦ぶりに勝負は五分五分の情報だった。

しかし、戦況が変わったのは、全くの偶然であった。藤堂32万石の津藩兵が、休息のために上野広小路の表通りにあった料理屋「雁鍋」の二階に上がったところ、黒門口の彰義隊の砲台が近いことを発見した。その距離約三十メートルで、砲兵を目がけて狙撃を開始すると、ばたばたと倒れ黒門口の突破に成功したのである。

大村益次郎の作戦では、薩摩藩が黒門口に迫ったらアームストロング砲二門で砲撃することになっていた。

その時は正午過ぎであった。とっておきの秘密兵器の登場である。アームストロング砲は肥前佐賀藩がイギリスから購入したもので、射程は約三キロあり、本郷台（今の東大病院）の富山藩邸に配備された。このアームストロング砲の威力はすさまじく、彰義隊の陣地を吹き飛ば

す程であった。

こうした状況の中でも、天野八郎は馬にまたがり、銃を乱射しながら味方を叱咤していた。黒門口を破られた彰義隊士たち百人ばかりが、寛永寺本坊になだれ込んできた。先頭に立ち、旗を掲げて突進してきた五十すぎで元大目付の六千石取りの旗本大久保紀伊守に砲弾が命中し絶命した。

これを見た後進の隊士は恐れ戦き走り去ったのである。「我に従え」と天野が後を振り返ると、誰も居なかったという。

のちに天野が獄中で書いた『斃休録』で、「後を顧れば、続く兵1人もなし。此の時、我れ徳川の柔極まるを知る」と諦めの心境を吐露している。隊頭の1人、小田井茂太は密命をもって奥州に去り、もう1人の隊頭池田大隅守も輪王寺宮の護衛のため本坊に詰めていた。

戦闘の指揮を執っていたのは、天野八郎ただ1人であったのである。新政府と互角に戦う彰義隊の中に、ひときわ目立つ部隊があった。「高勝隊」と名乗り、高崎藩を脱藩した下級藩士たちは、いずれも江戸藩邸詰めで30人ほどであった。

五月以前から彰義隊に参加するため姿を晦ましたが、脱藩の詳しい理由や詳細は分からない。脱藩士は徒士頭兼砲術教授の桜井勝五郎を中心とした集団で、フランス式の大砲二門を所有

していた。

彼らは上野の戦場を縦横無尽に駆けめぐり、奮戦力闘したが、宮崎貫哉という脱藩兵は二十一歳の若さで戦死した。

「黒門口が破られた」の報を聞いた彰義隊は壊乱し、突撃の合図で黒門に殺到した薩摩兵らは寛永寺の堂塔伽藍に火を放って、掃討作戦を展開したのである。

天野八郎は敗残兵にまじって根岸・三河島方面へ逃れたが、わずかな供に守られて上野を脱出した輪王寺宮は、麻の黒衣を着て、饅頭笠と古草履といういでたちで歩いた。

天野八郎はその姿を見かけた時、思わず涙したという。戦闘は夕刻を待たず終了し、新政府軍の戦死者は30名余り。彰義隊の戦死者は二六六名であった。

一方、渋沢成一郎と尾高新五郎、新五郎の弟で渋沢栄一の養子となった平九郎が率いた振武軍は、十五日に上野へと向かったが、彰義隊壊滅を知り、一橋家の領地があった飯能で戦うことを決めた。新政府軍は二千の戦力で振武軍討伐したが、

彰義隊墓所（上野恩賜公園）

二十三日、戦闘開始わずか数時間で敗北した。

平九郎は二十二歳の若さで自刃し、成一郎と新五郎は伊香保と草津の温泉地に逃れたのである。

二十四日、彰義隊が壊滅した後、新政府は徳川家の処分を発表した。

わずか七歳で徳川家の当主となった家達は静岡に転封され、石高は百万石から七十万石に削られた。

この発表を知った海軍の榎本武揚率いる八隻の艦船は、北へと向かったのである。

社会貢献した彰義隊士たちの明治

永い間に硬直した幕府の官僚制度、職官の世襲、不合理によ
る自壊作用などが重なって、幕府は滅びるべくして滅んだと明治の文豪幸田露伴は書いているが、『渋沢栄一伝』で露伴は渋沢栄一を「時代の児」と名付けて持ち上げている。「実に其時代に生れて、其時代の水によって養われ、其時代の食物とこう気とを摂取して、そして、自己の体幹を造り、自己の精神をおおし立て、時代の要求するところのものを自己の要求とし…」この言葉通り、渋沢栄一の生涯は時代の変化に応じて活躍していた。

渋沢栄一（篤太夫）は、慶応三年徳川昭武（水戸藩の斉昭の十八番目の子で慶喜の弟）に俗事係、御勘定役として随行し、パリ万国博覧会に幕府の派遣でヨーロッパに渡った。（この博覧会には薩摩藩、肥前佐賀藩も参加）

もしヨーロッパに行かず日本に留まっていたら、栄一は彰義隊に加わっていたに違いない。渋沢一族の従兄たちが彰義

渋沢　栄一
（渋沢栄一記念館所蔵）

民部公使一行（渋沢史料館所蔵）

隊に加わっていたからである。そうなったら、日本の近代史は変わっていたかも知れない。フランスで鳥羽伏見の戦いの報を聞いても、「あわてて帰っても仕方がない」と昭武の留学を続行し、上野戦争の半年後、明治元年（一八六八）に帰国した。

明治二年新政府に登用されて大蔵省に出仕し、明治五年大蔵大丞となったが、同六年に意見が合わず大蔵少輔事務取扱で辞職して、実業界へ活躍の場を求めた。

近代銀行、株式会社制度を輸入した先駆者の栄一は、第一国立銀行、理化学研究所、東京証券取引所をはじめに、多種多様な会社設立と経営に関わった。

王子製紙、大坂紡績、東京ガス、帝国ホテル、東京海上の他、五百余の会社設立に携わり、牧畜や一橋大学の前身である商法講習所の設立、更には田園調布の街づくりまで行なったのである。

この栄一の存在なくして、渋沢一族のいとこ達の復活はなかった。

富岡製糸場の初代場長は彰義隊士だった

飯能戦争で敗れた振武軍の尾高新五郎は、伊香保や草津の温泉地に身を隠し、熱が冷めるのを待った後、郷里に帰った。

大坂の大蔵省造幣寮、横須賀の造船所に続く、三大官営工場のひとつとして、富岡製糸場創設が具体化した。外貨獲得のための重要商品である生糸の輸出振興に、近代工場は是非とも必要だったのである。

この計画は、養蚕に詳しい大蔵省租税正であった渋沢栄一の意見が大きく左右した。

当時、日本の蚕糸は粗悪品といわれ、買付けるフランスの商人たちから苦情が殺到していた。

これを聞いた大蔵省の大隈重信は、苦情を栄一に伝えて改良するよう命じた。栄一はすぐに人材の抜擢にとりかかったが、工場建設には栄一の学問の師であり、養蚕の知識が豊富な自らが推挙し民部省に入ったばかりの尾高新五郎（改め惇忠）に白羽の矢を立てた。

さらに御雇外国人としてフランス人技師ブリュナを採用した。尾高とブリュナは迅速に工場地を決めるため各地を調査して回ったが、決め手には基準があった。

一、水質が製糸に適している

尾高新五郎

一、昔から養蚕が盛んである
一、土地の買収が容易である
一、機械の燃料に必要な石炭が近くにある

これらの条件に合ったという理由で、上州甘楽郡富岡町に工場を建設することが決定したのである。

工場建設にあたって、レンガやセメントなどの建築資材を製造する技術が日本には無かったが、渋沢栄一は故郷深谷の瓦製造技術で国産化できると判断し、セメントの代用として漆食と繋ぎ合わせ完成させた。

独特な工場の建物は明治三年（一八七〇）の完成以来一五〇年たつが、今も当時のままである。

もう一つの最大の難関は工女の募集であった。

応募者が全くなかったのである。

その理由を調べると、若い娘だけを募集するのは、娘から生き血を取るためだという噂が広まっていたからで、工場に指導者としているフランス人が飲む赤ワインを生き血と誤解したの

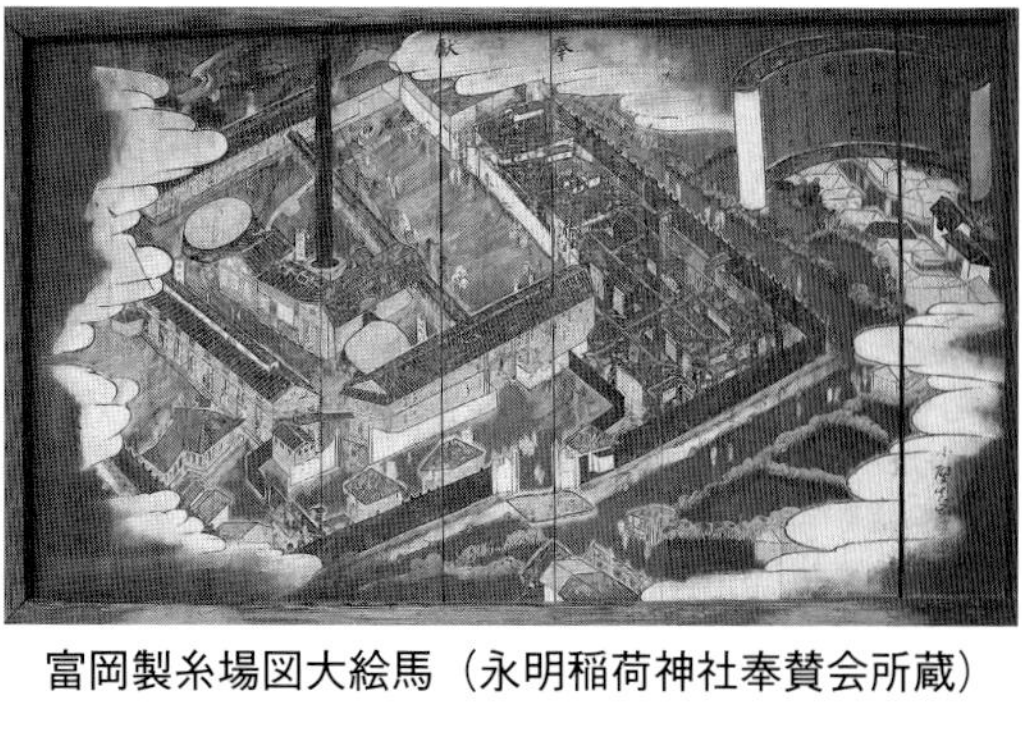

富岡製糸場図大絵馬（永明稲荷神社奉賛会所蔵）

である。

そこで場長の尾高は、噂を打ち消すため、自ら身をもって範を示す方針を当て、郷里の下手計村から、まだ十四歳の長女を呼び寄せ、伝習工女第一号として働かせた。

フランス人工女指導員に交って働く彼女の存在によって、郷里の少女たちが工女志願し、明治五年（一八七二）操業開始され順調な船出となったのである。

尾高は富岡製糸場を勇退後、栄一の関係していた民間事業に加わった。東京府瓦斯局、東京府養育院、蚕種会議局会頭などに就任した後、国立第一銀行に入り、岩手県盛岡支店の支配人を務めた。

彰義隊頭取渋沢成一郎は実業界で活躍

慶応四年四月二十八日、渋沢成一郎は隊士百名を連れ、彰義隊を脱退した。尾高新五郎の発案で「振武軍」と名付け、田無に陣を張ったが、彰義隊の援軍に向かう途中、上野で壊滅したのを知り、旧一橋領の飯能へ移動し、新政府軍と戦闘をくり広げた。わずか数時間で決着し成

一郎と新五郎は敗走して、草津温泉で逃亡生活を送った。

八月になると、成一郎は新五郎と別れ、上州から品川へと向かった。沖には榎本武揚率いる八隻の艦船が停泊していたので、そのうちの一隻長鯨に乗船した。箱館に向かう途中、塩釜港でいとこの須永伝蔵（於菟之輔）と思いがけず船上で再会した。

ここで上野戦争の残党と再び彰義隊を結成することになり、成一郎が隊長に就任したのである。

十一月に箱館に渡り、彰義隊は松前城攻略戦で、一番乗りの手柄を立てるが、戦利品の金品の分捕りが原因となって糾弾された。

仕方なく成一郎は同志70名を引き連れて、小彰義隊を結成し隊長となった。明治二年五月、新政府軍の箱館総攻撃を迎え撃ったが、敵もろとも自爆する玉砕戦法の作戦を知り、成一郎は小彰義隊を率いて湯の川温泉に脱出した。五月十八日、榎本武揚らが降伏し、慶応四年正月に鳥羽伏見の戦いに端を発した戊辰戦争は最終決着したのである。

そして、成一郎は逮捕され、東京軍務官糾問所に投獄された。明治五年、成一郎は赦免となり、栄一が保証人となって身柄を引受け、大蔵省の上司井上馨

に成一郎の就職を依頼した。成一郎は大蔵省勧業課に採用され、奏任官（三等以下の高等官）に任命された。

明治六年には、蚕糸業を学ぶ名目で、イタリア、フランスにも渡っているが、帰国と同時に退職し、以降は実業界で活躍した。

横浜で生糸売込問屋や廻米問屋を経営したり、製麻会社などに関係したが、東京商品取引所に勤めたことで知られる。

彰義隊の発起人　須永伝蔵　―酪農経営と村長の波瀾万丈人生

慶応四年四月十一日、慶喜は上野を出て、水戸へ出発した。この時、渋沢成一郎は尾高新五郎、須永伝蔵と会い、水戸へ行って慶喜を護衛しようと話し合った。

しかし、彰義隊は成一郎の水戸行きを押し止めたため、須永1人が水戸へ旅立ったのである。

伝蔵は藩校である弘道館に行き、閉居している慶喜を警護していた山岡鉄舟、高橋泥舟に会って、慶喜の護衛を願ったが拒否された。その代わりに、高橋泥舟から鹿島行きを命じられ、慶喜

の恭順の意に反する集団の脱走兵を解散させてくれと依頼された。

説得に成功し、解散させたのも束の間、水戸に戻ると、奥州の白河城の動静を偵察して来いという命令が下された。

伝蔵は、仙台藩、二本松藩の同志と謀って、戦おうとしたが、事ならず挫折を味わう。そして、すでに白河城は落城していた現状をみて、伝蔵は「フランスにいる、渋沢栄一に会いに行こう」と思い立った。

フランス船に潜り込もうと仙台に向かい、船が来るのを待つと、偶然にも品川沖を出航した榎本武揚艦隊に巡り合い、図らずも従兄の成一郎を見つけて再会を喜んだ。

成一郎は箱館の五稜郭で決戦に挑もうと誘うが、伝蔵は「フランス行きを決行する」と断わった。

三日後、フランス船が入港すると、商人に変装して乗り込んだ。船は横浜港に着くと捕えられ、大勢の定まれるを見て故郷の上州成塚村に帰り、農業に従事して母を養った。

明治に入って、渋沢栄一は数多い事業の経営に携わっ

中央の人物が須永伝蔵

たが、その中のひとつに牧畜があった。

明治十二年（一八七九）、栄一は毛布製造の原料である羊毛の必要を感じ、渋沢喜作（明治になり成一郎から改名）らと相談し、内務省に羊五百頭の借用を願い出て、許可されるや、従弟須永伝蔵を実習のために千葉三里塚牧羊場に派遣すると共に、牧場地の選定を指示した。

伝蔵は実習のかたわら、箱根仙石原と那須伊佐野原を候補地として調査した結果、仙石原が適地であると決定した。

明治十三年、伝蔵を責任者として開拓に着手するため、栄一の命を受けて仙石原にやって来た伝蔵は、開拓に努力したが、大きな茅が繁茂して牧羊場にすることができず、計画を変更して牛馬を放牧することにした。

明治十四年（一八八一）、耕牧舎は牛乳の販売を開始すると、さらに余った牛乳を利用してバターの製造にも進出した。

明治二十八年には、牛二百頭、馬八十頭、牛乳販売数五万四百リットルを数えるまでになったが、牧場で利用していた芦の湖の水利権をめぐって裁判となり、伝蔵は有罪判決で入獄した。だが、明治三十二年、出獄した伝蔵は村会議員から明治三十五年には二代目の仙石原村長に就任している。

天野八郎の悲劇的な最後

慶応四年五月、奥羽列藩同盟が成立した。続いて北越六藩が同盟に加入し、輪王寺宮が奥羽越列藩同盟軍事総督となって、各地で新政府軍と交戦した。

だが、明治元年（一八六八）九月、会津若松城が落城し、奥羽での戦争の収束が囁かれた十月。彰義隊の付属隊だった高勝隊の高崎藩脱藩兵士は、高崎城下に帰ってきた。

藩は謹慎命令を出した後、江戸屋敷の深井繁之助は新政府の大総督府に、脱藩兵が自首してきたことを報告した。

大総督府は、「国元において謹慎を申しつけること」を命じ、脱藩問題は決着した。

上野戦争で、高勝隊以外にも上野を脱出して、関東、東北など各地で戦った彰義隊士は多勢いた。

新政府軍二千人に対して、実際に戦った彰義隊士は約千人といわれ、戦死者二六六人と伝わっているから、七百人余りが、関東周辺に散っていたのである。

敗残兵に交って根津、三河島方面に逃げた天野八郎は、大塚の護国寺で仲間と落ち合った。

その後、本所の炭屋文次郎に潜んで、江戸城襲撃の計画を練っていた。八郎の胸算用では、

二七〇余名が集まる計画だった。上野戦争の二カ月後の七月には、四谷に借家を見つけ、隠しておいた武器を移そうとしていた。

だが、七月十三日の朝、天野の運命を決する事態が起った。朝訪ねてきた同志の大塚霍之丞（彰義隊の頭並）と朝食を食べようとした時、5～6人の追手が突進してきた。

八郎は咄嗟に二階から尾根へ出ると、新政府軍の70名の兵士がすでにぐるりと屋敷をとりまき鉄砲を向けていた。八郎目がけて発砲された一発が額をかすめ、目まいがしたために、尾根から転落し捕えられてしまった。

一方の大塚は隣の寺に逃げ込み、無事に脱出することができた。大塚は後に箱館に渡り、榎本武揚の下で彰義隊改役として戦っている。

八郎はその日のうちに、会津藩屋敷内糺問所揚屋に入れられ、九月に日比谷御門内本多公邸内糺問所揚屋に移された。天野の隠れ家を新政府に通報したのは、芝増上寺の僧侶、了寛であった。

そのいきさつは信じられないものである。彰義隊士、石川善一郎が捕えられて、了寛と同房に入れられた。すると、石川に向かって、「自分は近く出獄するが、出たらすぐに八郎の仲間に加わって脱出する考えである。八郎の居所を教えてくれ」といった。

石川はこれに騙され、居所である炭屋文次郎の住所を書いた紙を渡してしまったのである。

これによって八郎は捕らえられ、了寛は出獄を許されたという。

糺問所の揚屋で八郎は四畳半に9人の雑居生活を送った。

『戊辰物語』に八郎の容姿が書かれている。

「身の丈は五尺二寸位で、肉太り歯並びは至って悪く、象牙で入歯をしていた。髭は密生して笑うと頬に笑窪の開く人だったが、髭が濃いので三日も剃らぬと大変な顔になった」

牢内からの手紙を見ると、弁松の煮しめ、鉄火味噌、唐辛子揚げ、鉄火揚げなどの差し入れをよく頼んでいる。

また鰻の蒲焼が大好物で、芋汁を喜んで食べ、自然薯を郷里から折り折りに取り寄せていたことも分る。八郎が獄中で書いた回顧録の『甃休録』は、戊辰秋八月十有七日に記された。

十月下旬から八郎は病気となり、十一月八日、ついに獄中死した。まだ三十八歳の若さであった。

北にのみ　稲妻ありて　月暗し

辞世の句である。

彰義隊の残党一八〇名近くは、箱館まで転戦して60名ほどが戦死した。ある者は徳川家のため、またある者は慶喜のために戦ったのである。

最後の将軍慶喜は、慶応四年二月に伊達宗城宛に書状を出した。

「臣慶喜の一身を罰せられ、無罪の生民塗炭を免れ候様仕りたく、臣慶喜、今日の懇願此事に御座候」

自分の身はどうなってもいいと言っていたが、実際は死を免ぜられ、明治の世で復権して公爵となっている。

彰義隊として戦った人たちは、この事をどう思ったのであろうか。

明治維新のナゾ　―一新から維新に？

ところで明治維新の一件である。

一九二五年に書かれた島崎藤村の小説『夜明け前』にこんな一節がある。

「御一心がこんなことでいいのか」

動乱の幕末から明治政府が誕生した時の言葉である。朝政一新、天下一新、百事一新など、一新が主流で使われる。

明治維新の用例はなく、万事御一新のように御をつけて布告に用いられた。

いかに使われたか、実例を示そう。

「大政一新の詔」が慶応四年三月、太政官日誌に記録されている。二月二十八日、皇帝陛下親しく列侯を玉座近く召させられ、詔して曰く、勝つとに天位を紹《つ》ぎ、今日天下一新の運に膺《あた》り、文武一途公議を親裁す（以下略）。

また、「昌平学校復興」が慶応四年六月、関東鎮台日誌に記されている。

六月御布告、大政御一新大義名分を明らかにし、人才御生育在らせられ候に付き、鎮台府（陸軍の軍団）に於て昌平学校（幕府の学問所）御興復（以下略）。

明治に入って「輔相、議定、参与などを選挙」する告知が明治二年五月、太政官日誌に残っている。

御沙汰書写し、去歳閏月政体御造立相成り候処時勢の変遷に随い、適宜の政体（以下略）。

国立公文書館アジア歴史資料センターの資料によると、明治八年朝鮮江華島事件（島付近で演習した日本軍艦が砲撃された事件）の解決に作成された文書に明治維新が出てくる。以降、明治二十一年の歴史の本、三十二年の『初等帝国史』、三十五年の『国史教科書』で、明治維新の言葉が使われるようになり、明治三十年代から増加傾向が続いた。

明治維新の維新という言葉、中国由来である。『詩経』大雅・文王の「周雖　旧邦、其命維新」から来ている。意味は、「周は旧邦といえども、その命これ新たなり」で、ここから維新と称したのである。

この言葉を有名にしたのは、明治の作家でジャーナリストの徳富蘇峰である。

『官民調話論』で、「明治維新創業の政府は正に是れ天地開闢の時に於て…」と書いている。

また『近世日本国民史』には、民権運動が目標とした国会開設の原点は五箇条の誓文に代表される維新の精神に求められ、明治藩閥政府を忘却…と書いた。

五箇条の御誓文は、慶応四年三月十四日に発布されたもので、

一　広く会議を興し万機公論に決すべし

一　上下心を一にして盛に経論を行うべし

一　官武一途庶民に至る迄、各其志を遂げ人心をして倦まざらしめん事を要す
一　旧来の陋習を破り天地の公道に基くべし
一　智識を世界に求め大に皇基を振起すべし
これを基に、国家づくりが行なわれたのである。

あとがき

慶応四年（一八六八）九月八日、新しい元号に改められた。

改元の詔書が出され、新元号は明治だった。

中国の古典『易経』の「聖人南面にして天下を聴き、明に嚮って治む」から取られたもので、「聖人が帝位に就き、天下のことを聴けば、世の中は明るくよい方向に治まる」という意味である。

この時、一世一元とし、天皇一代に元号を一つとする制度が定められた。それまで災害などあるごとに改元されていた陋習が改められ、改元の年に限り、正月一日に遡って明治となった。実は、明治という年号が決まった経緯が、岩倉具視の伝記『岩倉公実記』に残っている。

それによると、岩倉が前福井藩主松平慶永に命じて、学識で有名な菅原家に意見書を提出させ、三つ程の候補を選んで、天皇に裁可して頂くように願い出た。

七日夜、天皇は宮中三殿のひとつ賢所（三種の神器、八咫の鏡が祀られている）で、自らくじを引いて「明治」の元号を選び出した、とされている。

これは幸運のクジであったのだろうか。

最後に、是非知って欲しい事がある。

幕末の藩長土肥の藩士や脱藩者が盛んに使った「勤王」や「尊王」という言葉だが、最近の多くの歴史書やマスコミなどで、「勤王」「尊皇」と書かれている例が非常に多い。

戦前の辞書には、「勤皇」「尊皇」は載っていない。それが、最近の辞書で「きんのう」の漢字を調べると、「勤皇」と「勤王」の二通りの漢字が並列で示されている。

この傾向はいつから始まったのか分からない。

王がなぜ皇と並列なのか理由も分からない。「尊王」「勤王」とは何か、まず知らねばならないが、語源についても、ほとんどの人が知らないのである。

尊王の語源は中国の古典で、儒学の教典四書五経の中のひとつで、孔子の『春秋』にある。

「諸侯を求むるは勤王に如くはなし」（諸侯の信望を得るには勤王にまさるものはない）からである。

そして、尊王と攘夷が一緒になった「尊王攘夷」という言葉の攘夷は、中国の周時代（紀元前一一〇〇年ごろ～）の『詩経』に現われる。

攘夷とは、野蛮な異民族を討ち果たすことである。

これらの言葉は幕末の水戸藩の学者によって広められた。

尊皇の皇だが、そもそも天皇の称号は、死後に贈られる諡号であって、今上天皇を何々天皇と呼ばないはずである。世の学者は、この矛盾を何と説明するのだろうか。

さらにもう一つ、歴史家の中には、江戸無血開城の主人公の1人は徳川慶喜であり、近年その政治手法が再評価され、慶喜なくして明治維新は実現しなかったともいわれている、と述べる人がいる。

また、慶喜の不戦主義が平和裡に明治へと移行させたと言う人もいる。

これは事実だろうか。

幕府崩壊の一年前、慶喜は孝明天皇から征夷大将軍宣下をうけた。

将軍は幕府の支配者で、軍事と政治を掌握した武士たちの棟梁である。

慶喜が政治の表舞台に立った文久二年（一八六二）から五年余の間、戦に出陣する機会が五回あった。

一　文久二年十二月、二万の兵を率いて京に上ると宣言するが出陣せずに土壇場で降りる。

二　文久三年、老中小笠原長行の挙兵上京計画、慶喜が出陣する予定だったが、病気を理由

三　元治元年、禁門の変、馬で御所に駆けつける

四　慶応二年、第二次長州征伐、大討ち込みと宣言し意気込むが、直前に中止命令出す
五　慶応三年、王政復古政変、御所奪回の兵を二条城に収容、軍事衝突を避ける

このうち、出陣したのは唯一、禁門の変のみである。

鳥羽伏見の戦いでは、諸藩兵に一緒に戦おうといいながら、夜に黙って身内だけで江戸に逃げ帰ってしまった。

さらに江戸で巻き返すつもりだと周囲に嘘をつき、戦いで敗れた幕臣を罵倒し、処分する人間性。こんな人物のために、命を懸けて戦った彰義隊士たちが哀れに思えてならない。

主要参考文献

『上野の戦争』藤森成吉　高見沢木版社　一九三九

『江戸雑話』三田村鳶魚　春陽堂　一九二七

『海舟日記』勝海舟　勁草書房　一九七三

『史談会速記録』史談会編　原書房　一九七一～七六

『渋沢栄一伝』幸田露伴　岩波書店　一九三九

『彰義隊始末』子母澤寛　新人物往来社　一九七二

『彰義隊戦記』永岡慶之助　新人物往来社　一九七二

『彰義隊戦史』山崎有信　隆文館　一九一〇

『彰義隊挽歌』加太こうじ　筑摩書房　一九九二

『真説上野彰義隊』加来耕三　ＮＧＳ　一九八四

『昔夢会筆記』渋沢栄一編　平凡社　一九六七

『高村光雲懐古談』高村光雲　新人物往来社　一九七〇

『徳川昭武』須見裕　中公新書　一九八四

『徳川慶喜公伝』全四巻　渋沢栄一監修　平凡社　一九六七～六八

『幕府衰亡論』福地源一郎　平凡社　一九六七

『幕府歩兵隊』野口武彦　中公新書　二〇〇二

『幕末維新人名事典』宮崎十三八他編　新人物往来社　一九九四

『幕末維新全殉難者名鑑』明田鉄男　新人物往来社　一九八六

『幕末維新戊辰戦争事典』太田俊穂編　新人物往来社　一九八〇

『幕末百話』篠田鑛造　岩波文庫　一九九六

『幕末明治　女百話』上・下　篠田鑛造　岩波文庫　一九九七

『氷川清話』勝海舟　講談社学術文庫　二〇〇〇

『武江年表』斎藤月岑　平凡社　一九六八

『斃休録』天野八郎

『戊辰物語』東京日日新聞社会部編　万里閣書房　一九二八

『明治百話』上・下　篠田鑛造　岩波文庫　一九九六

『幕臣たちの誤算』星亮一　青春出版社　二〇〇三

『明治維新という幻想』森田健司　洋泉社　二〇一六

『逆説の日本史』(17)井沢元彦　小学館　二〇一四

『幕末史』半藤一利　新潮社　二〇〇八

『徳川慶喜』松浦玲　中公新書　一九七五

『藩から読む幕末維新』武光誠　ＰＨＰ新書　二〇〇三

『明治維新という過ち』原田伊織　講談社文庫　二〇一七

『江戸開城』海音寺潮五郎　新潮文庫　一九八七

『徳川将軍15代』山本博文　小学館新書　二〇一一

『明治維新と幕臣』門松秀樹　中公新書　二〇一四

『朝敵たちの幕末維新』新人物往来社　二〇一二

『彰義隊遺聞』森まゆみ　新潮社　二〇〇四

『勝海舟の腹芸』野口武彦　新潮新書　二〇一二

『幕末の天皇・明治の天皇』佐々木克　講談社学術文庫　二〇〇五

『旧事諮問録』東京帝國大学史談会　青蛙房　一九七一

『幕末から維新へ』藤田覚　岩波新書　二〇一五

『江戸のいちばん長い日』安藤優一郎　文春新書　二〇一八

写真資料提供一覧

「彰義隊奮戦之図」円通寺所蔵（東京・荒川区）
「梅幸百種之内　天野八郎」東京・台東区教育委員会所蔵
「旧渋沢邸「中の家」外観」渋沢栄一記念館所蔵
「渋沢栄一肖像」渋沢栄一記念館所蔵
「富岡製糸場図大絵馬」永明稲荷神社奉賛会所蔵
「徳川昭武衣冠肖像」松戸市戸定歴史館所蔵
「徳川慶喜衣冠肖像」松戸市戸定歴史館所蔵
「民部公使一行」渋沢史料館所蔵
「館林藩主　秋元志朝」館林市教育委員会所蔵
「前橋藩主　松平直克」前橋市立図書館所蔵
「渋沢栄一（篤太夫）」渋沢史料館所蔵

著者紹介

たみやじゅん（田宮　順）

群馬県生まれ。早稲田大学在学中からテレビ・ラジオの構成作家を始める。携わった番組は「ニュースステーション」はじめ多数。現在はテレビ番組製作会社の経営の他、農業にも従事。有機農業に取り組んでいる。

群馬県伊勢崎市に在住。

明治維新はなかった!?

渋沢栄一の従兄弟たちの彰義隊　上野戦争と明治の偉業

発行日　2021年1月21日

著　者　たみやじゅん（田宮　順）
〒372-0044　群馬県伊勢崎市八坂町3-2

発　行　上毛新聞社デジタルビジネス局出版部
〒371-8666　群馬県前橋市古市町1-50-21
TEL　027-254-9966
